새로운 이념인
창조 의지에 대한 소고

새로운 이념인 창조 의지에 대한 소고

발행일   2017년 7월 12일

지은이   현 용 수
펴낸이   손 형 국
펴낸곳   (주)북랩
편집인   선일영   편집   이종무, 권혁신, 이소현, 송재병, 최예은
디자인   이현수, 김민하, 이정아, 한수희   제작   박기성, 황동현, 구성우
마케팅   김회란, 박진관, 김한결
출판등록 2004. 12. 1(제2012-000051호)
주소   서울시 금천구 가산디지털 1로 168, 우림라이온스밸리 B동 B113, 114호
홈페이지 www.book.co.kr
전화번호 (02)2026-5777   팩스   (02)2026-5747

ISBN   979-11-5987-671-4 03190 (종이책)   979-11-5987-672-1 05190 (전자책)

이 도서의 국립중앙도서관 출판예정도서목록(CIP)은 서지정보유통지원시스템 홈페이지(http://seoji.nl.go.kr)와
국가자료공동목록시스템(http://www.nl.go.kr/kolisnet)에서 이용하실 수 있습니다.
(CIP제어번호 : CIP2017016826)

(주)북랩 성공출판의 파트너

북랩 홈페이지와 패밀리 사이트에서 다양한 출판 솔루션을 만나 보세요!

홈페이지 book.co.kr • **블로그** blog.naver.com/essaybook • **원고모집** book@book.co.kr

새로운 이념인 창조 의지에 대한 소고

인간 정신을 구성하는 요소 중
자유 의지, 평등 의지, 창조 의지와 인류 문명의 진보에 대한 소고

현용수 지음

한국인, 한국, 한민족은 선택해야 한다.
'창조 의지'라는 **새로운 이념을 기반으로 하여**
변화, 발전할 것인가?
아니면 서서히 말라 죽어갈 것인가?

북랩 book Lab

한민족은 한반도 분단의 현실, 북한 체제 문제, 북한 핵 문제, 출산율 감소, 한국 경제 발전의 한계성 등으로 서서히 말라 죽어 가는 나무 같은 처지에 있다. 2017년 5월 22일 현재 한민족은 김씨 왕조가 지배하는 북한, 미국, 중국, 일본, 러시아 틈에서 어려운 처지에 있다. 한국인은 현재 생활에 만족하며 민족의 어려운 상황을 아무렇지도 않은 듯이 외면하며 하루하루를 살아가고 있다.

한국인에게 첫 번째 질문을 하고자 한다. 일본 민족이 현재 한민족이 살아가는 것과 같은 삶을 살아간다면 한국인은 일본 민족을 어떻게 생각할까? 이 질문에 한국인은 답변을 해야 한다. 이것이 한민족의 현재 모습이기 때문이다.

한국인에게 두 번째 질문을 하고자 한다. 이러한 한민족의 어려운 처지를 극복할 수 있는 방법이 있는가? 이 질문에도 한국인은 답변을 해야 한다. 이것이 한국에 태어난 한국인에게 주어진 사명이자 운명이기 때문이다.

두 가지 질문에 대하여 내가 생각하는 답변은 이렇다. 일본 민족이 지금 한민족처럼 살고 있다면 나는 일본 민족을 연민의 감정으로 바라볼 것이다. 한민족의 어려운 처지를 극복할 수 있는 유일한 방법은 한국이 충분히 강해지는 것이다. 그리고 이것을 이루는 방법은 한 가지 뿐이다.

'내부의 강력한 충격에 의하여 한국인이 변화하고 그 힘으로 강력한 한국을 건설하는 것이다.' 이것만이 유일한 길이다. 이것은 너무나 어려운 일이다. 한국인이 변해야 하기 때문이다. 그러나 2017년 6월을 살아가고 있는 한국인은 그것을 할 수 있다. 제왕적 대통령도 헌법의 절차에 따라 민주적으로 탄핵되었고 새로운 정부를 만든 것이 한국인이며, 이것을 통해서 한국인의 무한한 가능성을 증명했기 때문이다.

한국 내부에 강력한 충격을 줄 수 있는 방법으로 많은 시간 사유를 통하여 얻은 것이 있다. 그것은 새로운 이념의 도입이며, 그 이념은 '창조 의지'이다.

미래는 보이지 않는다. 어느 누구도 미래를 볼 수 없다. 다만 과거와 현재의 사실을 통해서 미래를 추측할 수 있을 뿐이다. 내가 생각하는 미래는 자유, 평등, 인간의 존엄성, 자연과의 공생 등 현재 인간이 소중하게 생각하고 지켜나가야 하는 것에 한 가지가 추가될 것이라고 추측한다. 그것은 '창조 의지'이다.

미래가 이렇게 될 수밖에 없는 이유는 이 모든 것이 인간 정신을 구성하는 요소이기 때문이다. 이 모든 것은 인간의 외부에서 온 것이 아니라 인간의 내부, 즉 인간 정신 속에 인간의 탄생과 더불어 이미 내재되어 있던 것이다. 인간 정신 속에 내재, 잠재되어 있던 것이 법률화, 제도화, 일반화, 도덕화되어 밖으로 표출된 것이다.

창조 의지도 인간 정신 속에 내재, 잠재된 것이다. 그러므로 현실에 표출될 수밖에 없다. 현실에 표출된다는 것은 법률화, 제도화, 일반화, 도덕화된다는 것을 의미한다.

인류 문명은 진보하고 있다. 그것을 밀어 올리는 힘은 지식, 기술, 교육의 진보이다. 인류 역사가 진보하는 수많은 원인 중에서 내가 본 것은 이러하다. 인류 문명은 인간 정신을 구성하는 요소 중 인간 정신 속에 내재, 잠재되어 있는 자유 의지, 평등 의지를 현실에 표출시켜 법률화, 제도화, 일반화, 도덕화시키는 과정 속에서 진보하였다.

그러나 이것만으로 인류 문명의 진보를 설명하기에는 부족하다. 그런 고민 속에서 인간 정신을 구성하는 요소 중 인류 문명을 진보시키는 것으로 발견한 것이 창조 의지이다. 창조 의지는 선, 욕망과 융합하여 창조력, 창의력으로 나아가고 창조력, 창의력은 지식재산권과 물체로 현실화, 형상화된다. 내가 추측하는 인류 문명의 미래는 창조 의지를 법률화, 제도화, 일반화, 도덕화시키는 과정 속에서 진보할 것이다.

내 사유를 정리하여 문화의 중력에 대하여 정의하였다. '중력이 인간을 지구 쪽으로 끌어당겨 지구에 머물게 하듯이, 특정 지역의 문화는 인간을 그 문화 속으로 끌어당겨 그 문화에 머물게 한다.'

문화의 중력은 전 세계에서 발생하고 이어지는 분쟁 중 많은 부분을 차지한다. 분쟁의 근원적인 해결 방법으로 교육을 통한 학습 내용을 인류 문명의 진보 속에서 알아낸 이성적, 상식적, 일반적인 지식으로 교육하여 세대 간 이어지는 문화의 중력을 단절시켜 많은 분쟁의 원인을 제거해야 한다.

이 책은 이러한 내용으로 구성되어 있다.

나는 이 책을 통해서 한민족, 한국의 어려운 현실에 대한 자그마한 해결 방법을, 인류 문명의 진보에 대한 새로운 논리를, 전 세계 분쟁에 대한 원인과 해결 방법을 주관적인 사유를 통하여 제시하고자 한다. 이 책이 더 나은 세상을 만드는 데 도움이 되기를 간절히 기원한다.

1. 인간은 선과 악이 혼합된 존재다.

2. 인류 문명 속에서 인간은 모든 것의 시작이자 끝이다.

1, 2는 진리이다.
이것은 주관적인 내 생각이다.
이것은 내 사유의 기초다.

자유 의지 : 외적인 강제, 지배, 구속을 받지 않고 자발적으로 행위를 선택할 수 있게 하는 인간의 의지(자유 의지의 정의는 네이버 지식백과 종교학 대사전 '자유 의지' 내용 중에서 내 생각과 가장 흡사한 부분에 조금의 변화를 주어 정의로 사용하였다)

평등 의지 : 신분, 성별, 재산, 종족 등에 관계없이 인간의 기본적인 가치는 모두 동등하다는 인간의 의지(평등 의지의 정의는 네이버 지식백과 교육학 용어사전 '평등' 내용 중에서 내 생각과 가장 흡사한 부분에 변화를 주어 정의로 사용하였다)

창조 의지 : 외적인 강제, 지배, 구속을 받지 않고 내적 동기나 이상에 따라 자발적으로 전에 없던 것을 처음으로 만들고자 하는 인간의 의지(창조 의지의 정의는 내 생각을 정리한 것이다)

외적인 강제, 지배, 구속을 받지 않고 내적 동기(무엇인가를 남기고 싶은 마음, 무엇인가를 발견, 발명하고 싶은 마음, 자신의 존재 가치에 대한 의문인 '나는 왜 태어났는가?' '나는 왜 사는가?'와 연결되어 그 가치를 증명하고자 하는 마음)나 이상(현실에서 진보하고자 하는 마음, 조금 더 나은 사회를 만들고자 하는 마음)에 따라 자발적으로 전에 없던 것을 처음으로(일부의 변화를 포함하여) 만들고자 하는 인간의 의지(창조 의지의 정의가 생소하기에 내 생각을 추가로 적어 이해에 도움을 주고자 하였다)

내 생각에 창조 의지는 인간의 선, 욕망과 융합하여 창조력, 창의력으로 나아가고 지식재산권과 물체로 현실화, 형상화되는 인간 정신을 구성하는 요소 중 하나이다. 이 글을 읽는 분들에게 자유 의지, 평등 의지, 창조 의지의 정의는 생소할 것이다.

자유 의지, 평등 의지의 정의는 자유, 평등, 의지라는 단어의 각 정의에 뿌리를 두고 사유하다가 발견한 문구에 조금의 변화를 주어 만든 것이며, 창조 의지의 정의는 긴 시간의 주관적인 사유의 산물이다.

이 글을 읽는 분들의 이해를 돕기 위하여 〈네이버 국어사전〉에 정의되어 있는 내용을 아래와 같이 적는다.

자유 : 외부적인 구속이나 무엇에 얽매이지 아니하고 자기 마음대로 할 수 있는 상태

평등 : 권리, 의무, 자격 등이 차별 없이 고르고 한결같음

의지 : 어떠한 일을 이루고자 하는 마음, 〈철학〉 어떠한 목적을 실현하기 위하여 자발적으로 의식적인 행동을 하게 하는 내적 욕구

사유의 산 정상에서 내가
보고, 느낀 것에 대하여

운명이었을까?

아니면 또 다른 무엇 때문이었을까?

나는 20대부터 50대 초반까지 시간이 날 때마다 여러 문제에 대해 사유를 하는 사유의 등산을 했다.

30년 동안 사유의 산에 오르는 과정은 험난했다. 내가 왜 사유의 산을 올라야 하는가?

'내가 사유의 산을 오를 수 있는 자격이 있는가?'라는 의문이 나를 힘들게 했고, 나 자신을 둘러싸고 있는 환경이 나를 괴롭혔다.

산을 오르는 과정은 몇 걸음 올라가고, 그리고 쉬면서 술을 마시고, 그런 생활의 반복이었다. 그러하기에 산에 오르는 과정은 더딜 수밖에 없었고, 산에 오르는 기간은 길어져, 30년의 세월 동안 산에 오를 수밖에 없었다. 결국, 50대 초반이 되어서야 사유의 산 정상에 간신히 올랐다.

어렵게 올라 온 사유의 산 정상이기에 기대가 많았다. 그러나 사유의 산 정상에서 내가 본 것은 상상했던 것과는 어긋나는 것이었다. 내가 상상했던 것은 산의 정상에서 볼 수 있는 좋은 경치, 성취감 등이었다. 그러나 사유의 산 정상에서 내가 볼 수 있는 유일한 것은 인간이었고, 내가 느낄 수 있는 것은 신의 존재였다. 결국, 나는 수십 년을 등산한 사유의 산에서 인간만을 보았고, 신의 존재를 느끼는 것만으로 만족해야 했다.

수십 년 사유 끝에 사유의 산 정상에서 볼 수 있는 유일한 것이 인간이었다. 수십 년간 사유한 결론이 인간이었다는 것은 나에게 허탈감을 가져다주었다. 그러나 그 순간 나는 깨달음을 얻었다.

'인간은 선과 악이 혼합된 존재다.'

'인류 문명 속에서 인간은 모든 것의 시작이자 끝이다.'

이것을 알기 위하여 나는 수십 년 동안 조금씩 사유의 산을 등산한 것이다.

사유의 산 정상에서 신의 존재를 느꼈다. 신의 존재를 느꼈다는 것은 신을 만났다는 것을 의미한다. 신을 만난 것은 확실한데 신의 형태, 말씀, 목소리는 보지도 듣지도 못했다.

끝없는 사유를 통해서 신을 만난다는 것은 누구나 할 수 있는 것이 아니다. 인간은 대부분 종교를 통하여 신을 만난다. 그러나 나는 수십 년간의 사유 끝에 신을 만났다. 끝없는 사유 끝에 신을 만난 경험을 통해 내가 알게 된 것이 있다. 그것은 모든 학문의 끝이 신과 연결된다는 것이다. 과학, 문학 등 모든 학문의 끝에서 인간은 항상 신을 만나고, 인간의 학문에 대한 모든 사유는 신을 만나는 순간에서 앞으로 나아가지 못하고 멈춘다는 것이다.

내 경험에 의하면 사유의 산에서 신을 만났을 때 알 수 있었던 것은 모든 사유의 끝에는 신이 항상 존재한다는 것이며, 인간은 어떤 경우에도 신과 만나는 그 순간 사유를 하면서 한 걸음도 앞으로 나갈 수 없다는 것이다. 신과 만나는 그 순간 앞으로 나가 신과 만나려고 했다면 나는 미칠 수밖에 없었을 것이다.

  이것을 통해서 신이 인간에게 준 한계가 인간에게 분명히 있음을 느꼈다. 그리고 나는 사유의 산 정상에서 신과 만나는 그 순간 신에 의하여 한계 지어진 인간의 운명과 미래가 어떻게 전개될 것인지에 대하여 깨닫게 되었다.

/ 서문 /

    살아가면서 누구나 의문이 생기고 의문에 대하여 생각한다. 그리고 시간이 지나면 잊어버린다. 이것이 의문에 대한 인간의 일반적인 대응 방식이다. 그러나 나는 몇 가지 의문을 잊어버리지 못하고 의문이 생긴 20대 초반부터 지금까지 그것에 집착했다.

    집착한 의문의 내용은 이러하다.

    인간은 선한가? 인간은 악한가?

    인류 문명의 진보는 어떻게 이루어지는가?

    왜 인류 문명은 진보하는가?

    왜 인류 문명은 선한 쪽으로 진보하는가?

    이런 의문들에 대한 장기간의 집착은 나에게 주관적인 생각을 갖게 만들었고, 주관적인 생각은 역사를 자세히 살펴보면서 확신으로 변하였다.

    현재 인간은 존재한다. 그리고 인간이 만든 인류 문명도 존재한다. 그러니 인간과 인류 문명에 대하여 면밀히 생각해보면 여러 의문들이 풀릴 수도 있을 것이라는 확신을 갖게 되었다.

의문에 대한 해답을 알아내는 방법으로 내가 사용한 방법은 의문을 구성하는 요소 중 가장 기초적이며 핵심적인 요소를 찾아내서 의문의 요소를 단순화시키는 것이다. 그리고 그 요소를 사유하는 것이다. 이것을 내가 항상 생각한 의문에 적용한 방법은 이러하다.

내가 생각하는 의문을 모두 포함하고 있는 것은 인류 문명이다. 인류 문명을 구성하는 요소 중에서 인간만으로 의문의 요소를 단순화시킨다. 그리고 인간만으로 모든 것을 사유한다. 모든 것의 시작과 끝을 인간으로 생각한다. 인류 문명에서 신과 자연을 배제하고 인간만을 남긴 채 인간만으로 모든 것을 사유한다.

인간은 정신과 육체로 구성된다. 육체는 인류 문명에 노동을 제공하여 문명을 현실화하고 유지시키는 역할을 한다. 그러나 육체로 인하여 인류 문명이 진보하지는 않는다. 결국, 인간의 정신과 육체 중 정신만이 인류 문명을 진보시킨다.

그렇다면 인간 정신을 구성하는 요소 중 '무엇이 인류 문명의 진보에 중요한 역할을 한 것인가?'라는 의문을 갖고 인류 역사를 자세히 살펴보았다.

인류 역사는 고대, 중세, 근대, 현대로 나누는 것이 일반적이다. 그러나 인류 역사를 19세기까지는 왕조 시대, 그 이후에는 민주주의 시대로 나눌 수도 있다고 생각한다.

그 이유는 인류 역사 속에서 19세기까지는 국가가 왕, 귀족(성직자), 평민, 노예로 구성되는 왕조 시대의 사회 구조를 갖고 있었고, 사회 구조의 기본 틀에서 일부 변화된 모습은 보여 주지만 그 기본 틀은 변화가 없기 때문이다.

그 이유는 20세기 이후에 펼쳐지는 민주주의 시대는 인간의 삶 속에 제공되는 상품의 급격한 증가와 더불어 인류 역사 속에서 사실상 처음으로 전개되는 정치, 경제, 사회, 문화의 형태를 보여주고 있기 때문이다.

왕조 시대를 민주주의 시대로 변화시킨 것은 근대 이후 서유럽과 미국에서 자유 의지, 평등 의지를 법률화, 제도화, 일반화, 도덕화하는 과정 속에서 나타난 인류 문명의 진보와 기술의 혁신이었다.

그리고 교육 제도를 개혁, 혁신하고 교육 내용을 변화시켜 인간에게 자유 의지, 평등 의지를 교육한 것이 민주주의 시대로의 변화를 이끌었다. 이것이 인류 문명을 왕조 시대에서 민주주의 시대로 진보시킨 것이다.

'자유 의지, 평등 의지를 법률화, 제도화, 일반화, 도덕화시키는 과정을 이끌어 나가는 근원적 힘은 어디서 나오는 것인가?'라는 의문을 갖게 되었다. 그리고 그 의문에 대한 주관적인 해답을 얻었다. 인류 문명에서 모든 것의 시작과 끝이 인간이라면 자유 의지, 평등 의지는 인간 정신을 구성하는 요소이기 때문에 현실화될 수밖에 없다는 결론에 도달했다.

역사 속에서 예외적인 경우는 있었으나 19세기까지 인류 문명은 왕조 시대를 반복하여 되풀이했다. 왜 그랬을까?

자유 의지, 평등 의지를 법률화, 제도화, 일반화, 도덕화하여 인간이 현실에서 받아들이기까지, 인간은 정신 속에 잠재되어 있는 자유 의지, 평등 의지를 밖으로 끌어내어 법, 사회 제도 등으로 현실화시키는 방법을 몰랐다. 이것이 그 이유라고 생각한다.

　왕조 시대에 왕, 귀족(성직자), 평민, 노예로 사회계급이 형성되면 왕은 왕의 교육을, 귀족은 귀족의 교육을, 평민은 평민의 교육을, 노예는 노예의 교육을 받는다. 교육은 교육 제도, 개인의 환경, 법, 도덕, 가족들의 가치관 등에 의하여 이루어진다. 그 결과 왕은 왕으로, 귀족은 귀족으로, 평민은 평민으로, 노예는 노예로 각각 교육되고, 왕, 귀족은 그들의 권리를 당연하게 여기고, 평민, 노예는 그들의 의무를 당연하게 받아들인다.

　교육 제도, 개인의 환경, 법, 도덕, 가족들의 가치관 등을 개인이 자력으로 극복한다는 것은 어렵고 힘든 일이다. 그러하기에 사상가나 학자에 의해 인간 개개인의 교화가 이루어지고 교화된 인간에 의하여 다수의 인간에 대한 교육이 있었음에도 자유 의지, 평등 의지를 법률화, 제도화, 일반화, 도덕화시키는 것에는 많은 시간이 필요했다.

　인간 정신을 구성하는 요소 중 자유 의지, 평등 의지를 현실화시키는 것만으로 인류 문명의 진보를 설명하기에는 부족한 것이 많다. 그것에 대한 고민 속에서 인간 정신을 구성하는 요소 중 인류 문명을 진보시키는 요소로 발견한 것이 '창조 의지'이다. 나는 이 창조 의지에 대한 많은 생각을 하였다. 이 글은 대부분 창조 의지에 대한 깊은 사유의 산물이다.

개인적으로 의문들에 대한 주관적인 생각을 하게 되었고, 그 주관적인 생각을 글로 적어 책을 만들었다. 나 자신의 장기간 집착에 의한 생각인 만큼 다른 책을 참조하거나 인용하지 않고 내 생각을 그대로 적었다. 물론 내가 알지 못하는 다른 책의 내용과 유사한 부분이 있을지도 모른다. 이 글도 내 지식 한계의 산물이므로.

'창조 의지'가 정립되기까지
내 생각의 여정

1. 내 생각에는 인간은 선한 존재도 아니고 악한 존재도 아니다.
  '인간은 선과 악이 혼합된 존재이다.' 그러므로 '인간이라는 존재
  가 소멸되지 않는 한 인간의 악적인 요소는 제거될 수 없다.'

'인간은 선과 악이 혼합된 존재이다'라는 생각에 도달하기까지
내 생각의 작은 여정은 이러하다.

  인간이 존재하기 위해서는 생명이 있어야 한다. 인간의 생명이
사라지면 인간이라는 존재도 사라진다. 인간은 유한한 생명을 갖
고 있다. 인간이 유한한 생명을 유지하기 위해서는 외부에서 생
명 유지에 필요한 것을 가져다 사용하고 소모해야 한다.

  인간의 유한한 생명을 유지시키기 위하여 외부에서 필요한 것
을 가져다 사용하고 소모하게 하는 가장 근원적 힘을 만드는 것
이 '이기'다. 이기는 생명의 유한성에서 나온다. 이기는 유한한 인
간의 생명을 유지시키기 위하여 유한한 생명을 보자기처럼 감싸
고 있다.

  인간이라는 존재에게는 인간의 유한한 생명보다 더 근원적인
것은 없으므로 생명을 유지시키는 역할을 하는 이기는 인간 정

신의 많은 부분을 지배한다.

이기에서 욕망이 나온다. 유한한 인간의 생명을 유지시키기 위해 이기가 만들어지고, 이기는 욕망을 만들고, 욕망은 인간 삶의 많은 부분을 지배한다.

내 생각에 기독교의 삼위일체 중 하나인 '성령'은 '스스로 영원히 존재하는 생명'이며 '선' 그 자체이다. 성령이 인간에 깃들 때 성령은 인간에게 유한한 생명을 주며 인간 속에 머물게 된다. 인간이 유한한 생명을 갖는 그 순간부터 성령과는 상관없이 인간은 유한한 생명을 유지하기 위하여 스스로 이기를 만들어 낸다.

인간이 죽음에 이르게 되면 인간의 유한한 생명은 인간에게서 빠져나가고, 인간에게 유한한 생명을 준 스스로 영원히 존재하는 생명인 성령으로 돌아간다.

인간은 '선' 그 자체인 성령이 머무는 생명과 인간의 유한한 생명을 유지시키기 위해 만들어지는 이기, 그리고 이기가 만들어 낸 욕망이 혼합된 존재이다.

성령이 만들어 낸 인간의 생명은 '선' 그 자체이고, 인간의 이기와 욕망은 악적인 면이 강한 인간을 구성하는 요소이다. 그러므로 인간은 선과 악이 혼합된 존재일 수밖에 없으며 '인간의 악적인 요소는 유한한 인간의 생명을 유지시키는 역할을 하므로 인간이 살아있는 한 제거될 수 없다.'

악적인 요소가 제거될 수 없는 인간, 선과 악이 혼합된 인간이 모여서 만든 인류 문명이 선한 쪽으로 진보한 것에 대하여 내 생각의 여정은 그 이유를 알기 위하여 많은 시간을 보냈다.

선과 악이 혼합된 인간이 만든 인류 문명임에도 불구하고 인류 문명 전체를 살펴보면 선한 쪽으로 진보하고 있다. 그것은 인류 역사가 증명한다.

왜 그렇게 될 수밖에 없었을까? 이것에 대한 내 생각은 이러하다. 인간의 몸에 깃든 성령은 선 그 자체이고, 인간에게 유한한 생명을 주었으므로 '인간이 태생적으로 가질 수밖에 없는 성령에 의한 선한 의지의 표출'이다. 그리고 내 생각의 여정은 인류 문명이 선한 쪽으로 진보한 것은 '인간이 태생적으로 가질 수밖에 없는 성령에 의한 선한 의지의 표출이다'는 전제하에 다음의 2로 나아간다.

2. 선과 악이 혼합된 인간은 인류 문명이 발생한 기원전 4000년부터 기원후 19세기까지 왕, 귀족(성직자), 평민, 노예를 사회 구조로 하는 왕조 시대에 살았다. 인류 문명이 발생한 이후 6,000년의 세월이 흘러갔다. 그동안 선과 악이 혼합된 인간은 기원후 19세기까지 5,900년의 세월 동안 동물의 사회 구조인 암컷과 수컷의 서열 구조처럼 왕, 귀족(성직자), 평민, 노예의 사회 구조를 벗어나지 못하고 있었다.

인간은 문명이라는 테두리 아래서 동물과 완전히 다른 존재인 것처럼 생각하고 살았다. 그러나 선과 악이 혼합된 인간의 삶은 동물의 기본적인 삶과 부분적으로 비슷하다. 그것은 인간을 포함한 모든 동물의 운명인 생명의 유한성에서 만들어지는 이기와 욕망에 기인한다.

동물의 기본적 삶의 형태 등과는 상당히 다를지라도 인간도 동물 중 한 종이기에 동물의 특성이 인류 문명의 사회 구조에 부분적으로 녹아있다. 그것을 대표하는 것이 계급성이다. 5,900년 동안 지속되어 온 왕조 시대의 왕, 귀족(성직자), 평민, 노예로 구성된 사회 구조의 계급성이 이것을 증명하고 있다.

그런데 20세기 이후 인류 문명에서 극적인 변화가 있었다. 그것은 왕조 시대가 타파되고 민주주의 시대가 시작된 것이다. 그리고 신분을 기반으로 한 사회 구조도 타파되었고 자유 이념과 평등 이념이 지배하는 사회로 변화되었다. 인간은 비로서 동물의 한 종이기는 하되 동물과는 본질적으로 차별화된 삶을 살아가기 시작한 것이다.

나의 모든 생각은 이것에 집중되었다.

왜 그런 일이 발생하였는가?

그리고 어떻게 민주주의 시대는 현실화되었는가?

5,900년 동안 왕조 시대의 사회 구조를 유지시키며 변하지 않았던 인간이 자유 의지와 평등 의지가 지배하는 민주주의 시대를 수용하는 인간으로 변화된 이유는 무엇인가?

내 생각의 여정은 여기에서 많은 시간을 보내게 되고 그 해답을 찾기 위하여 많은 고민과 생각을 하였다. 그리고 주관적인 해답을 얻게 되는데 그것이 다음 3으로의 여정이다.

3. 근대 이후 서유럽과 미국에서 인간은 인간 정신을 구성하는 요소인 자유 의지, 평등 의지를 법률화, 제도화, 일반화, 도덕화하

는 과정 속에서 5,900년 동안 지속되어 온 왕조 시대를 타파하고 자유 의지와 평등 의지가 지배하는 민주주의 시대를 열었다.

인류 역사 전부를 대지 위에 펼쳐놓고 위에서 내려다보면 인류 문명이 발생한 기원전 4000년부터 19세기까지 5,900년 역사와 20세기 이후 역사 간의 차이점이 보인다. 5,900년 역사는 선과 악이 혼합된 인간 정신에 기초한 왕조 시대의 특징들을 사회 구조로 한 시기였다. 20세기 이후 역사는 선과 악이 혼합된 인간 정신 중 악적인 요소를 억제, 순화하고 인간 정신을 진보시킨 시기였다. 그것이 가능하게 된 것은 무엇 때문일까?

내 생각에는 두 가지가 큰 영향을 주었을 것으로 생각한다. 한 가지는 근대 이후 서유럽과 미국에서 인간은 인간 정신을 구성하는 요소인 자유 의지, 평등 의지를 법률화, 제도화, 도덕화, 일반화하는 과정 속에서 5,900년 동안 지속되어 온 왕조 시대를 타파하고 자유 의지와 평등 의지가 지배하는 민주주의 시대를 열었기 때문이고, 또 한 가지는 자유 의지와 평등 의지를 인간 정신 속에 가치관, 인생관, 세계관 등으로 주입한 교육 때문이라고 생각한다. 그리고 그 두 가지에 대한 일반적, 포괄적, 반복적, 지속적 교육이 왕조 시대의 봉건적 요소들을 타파했던 것이다.

내 생각의 여정은 왕조 시대를 타파하고 민주주의 시대를 정착시킨 교육 제도, 교육 방법, 교육 내용에는 어떠한 것이 있는지에 이르게 되었다. 5,900년 동안의 교육 제도, 교육 방법, 교육 내용과 20세기 이후 교육 제도, 교육 방법, 교육 내용을 비교하였다. 그리고 무엇을 다르게 교육했는지 생각하게 되었다.

그렇게 생각한 이유는 신과 자연을 배제하면 인간이 인류 문명의 시작이자 끝이기 때문이다. 인간 정신을 구성하는 요소가 변하면 많은 것이 변하고, 인간 정신을 구성하는 요소가 안 변하면 모든 것은 변하지 않기 때문이다.

교육 제도는 문명이 발생한 기원전 4000년부터 19세기까지는 왕조 시대를 유지하기 위한 교육을 하기 위하여 제도를 만들었고, 20세기 이후에는 왕조 시대의 붕괴에 따라 국민에게 민주주의 이념에 맞는 교육을 하기 위한 제도로 변하였다.

교육 방법은 19세기까지는 왕조 시대의 정치, 사회, 문화적 필요성에 의하여 지정된 한계적 지식을 가르치는 방법에서 20세기 이후에는 포괄적, 일반적, 상식적 내용을 담고 있는 교재를 이용한 방법으로 변하였다.

교육 내용은 19세기까지는 왕조 시대를 유지하는 데 필요한 내용 등을 교육하는 것에서 20세기 이후에는 민주주의의 기본적 이념인 자유, 평등, 인간의 존엄성 등을 가르치는 내용으로 변했다.

이것이 인간 개개인의 정신을 변화시켰고, 이것이 인간이 왕조 시대를 타파하고 민주주의 시대로 나아가게 하였고, 이것이 민주주의를 완전히 정착시켰다.

이제 내 생각의 여정은 인류 문명의 진보를 현실적으로 가능하게 한 인간에 의한 기술의 진보에 대한 것에 이르게 되었다. 인류 문명이 진보하게 된 가장 중요한 이유는 인간에 의한 기술의 발달과 축적에 있기 때문이다.

　여기서 내 생각의 여정은 인간 정신을 구성하는 요소 중 기술의 발달과 관련된 것이 무엇인지 생각하고 그것을 찾는 것에 집중되었다. 그리고 그것을 생각하고, 찾아내고, 찾아낸 것에 대한 개념을 정의하고, 그것을 인류 문명의 진보에 어떻게 이용할 것인가에 대하여 많은 생각과 고민을 하게 되었다.

　많은 생각을 통해서 인간 정신을 구성하는 요소 중 기술의 발달과 관련되는 것이라고 찾아낸 것은 자유 의지, 평등 의지, 창조 의지이다. 그리고 내 생각에 기초하여 그것에 대한 개념을 정의하였다.

　내 생각의 여정은 '자유 의지, 평등 의지, 창조 의지가 기술의 발달에 각각 어떤 영향을 주었는가?'라는 것에 이르게 되었다.

　그것에 대한 내 생각의 결론은 이러하다. 자유 의지는 인간의 선택을 자유롭게 하여 기술의 발달에 직접적인 영향을 준다. 그러나 자유 의지에서 표출되는 인간의 선택을 자유롭게 한다는 것을 제외하면 전체적인 면에서 자유 의지, 평등 의지는 기술의 발달에 직접적인 영향을 주지 못하고 기술의 발달에 필요한 정치, 사회, 문화 등과 같은 것에 간접적인 영향을 준다. 이것은 자유 의지, 평등 의지가 인간의 창조력, 창의력 증진을 위하여 직접적인 제도, 법률 등을 만들지는 못한다는 것을 의미한다.

　기술의 발달에 직접적인 영향을 주는 것은 인간 정신을 구성하는 요소 중 하나인 '창조 의지'라는 것이다. 창조 의지를 통하여 인간은 창조력, 창의력 증진을 위한 직접적인 제도, 법률 등을 만들어 나갈 수 있다.

내 생각에 창조 의지는 '인간의 선, 욕망과 융합하여 창조력, 창의력으로 나아가고 지식재산권과 물체로 현실화, 형상화되는 인간 정신을 구성하는 요소' 중 하나이다.

그리고 창조 의지의 개념에 대해 정의를 하였다. 창조 의지의 개념을 정의한 나는 창조 의지를 이용하여 인류 문명을 진보시킬 수 있는 방법에 대하여 생각을 하게 되었다.

내 생각의 여정은 인간 정신을 구성하는 요소 중 하나이면서 기술의 발전에 직접 영향을 주는 창조 의지에 이르게 됨으로써 막바지에 다다르게 되었다.

나는 자유 의지, 평등 의지를 법률화, 제도화, 일반화, 도덕화하는 과정 속에서 인류 문명이 왕조 시대 타파라는 커다란 진보를 이룩했고 그 진보의 혜택을 인간 개개인 전부가 누렸듯이, 창조 의지를 법률화, 제도화, 일반화, 도덕화하는 과정 속에서 인류 문명은 진보를 이룩할 것이고, 그 진보의 혜택은 인간 개개인 전부가 누릴 것이라는 생각을 하게 되었다. 이러한 생각은 글을 쓰는 원천적인 힘을 나에게 주었다.

현실적으로 많은 어려움이 있지만, 인간은 각자 자신의 노력으로 사회에서 타인과 비교하여 상대적으로 좋은 삶을 살 수 있다. 그리고 자신의 꿈도 전부는 아닐지라도 부분적으로 이룰 수 있다. 그러나 인간 각자가 인간 개개인 모두의 진보를 이룩할 수는 없다. 그 이유는 인간 개개인은 전체의 진보를 이룩할 수 있는 지식, 방법 등을 알지 못하기 때문이다.

그러나 내가 세계사의 한 부분인 근대 이후 서유럽과 미국의 역사 속에서 본 것은 인간 개개인 전부의 진보다. 근대 이후 서유럽과 미국은 자유 의지, 평등 의지를 법률화, 제도화, 일반화, 도덕화시키는 과정 속에서 인류 문명을 혁명적이라는 표현이 부족할 정도로 진보시켰고, 그것은 인간 개개인 모두의 진보로 이어졌다.

이것을 처음으로 인류 역사 속에서 본 나는 전율, 충격의 감정을 느꼈다. 그리고 많은 시간을 생각과 사유 속에서 이론으로 정립하려고 노력했다.

그러는 과정 속에서 내가 인류 역사 속에서 본 것과 같은 인간 개개인 전부의 진보를 이룩할 수 있는 것을 찾아냈으니 그것이 인간 정신을 구성하는 요소 중 하나인 '창조 의지'이다.

내 주관적인 생각이 맞다면 창조 의지를 법률화, 제도화, 일반화, 도덕화시키는 과정 속에서 인류 문명은 진보할 것이고, 인간 개개인의 삶 또한 전부 진보할 것이다.

창조 의지를 법률화, 제도화, 일반화, 도덕화시키는 현실적인 방법에 대하여 생각하였다. 그리고 그것의 시발점은 교육의 전면적인 개혁과 혁신에서 이루어져야 한다는 생각을 하게 되었다. 인류 문명에서 신과 자연을 배제한다면 인간이 모든 것의 시작과 끝이기 때문이다. 결국, 인류 문명의 진보는 인간에 대한 교육의 진보라고도 표현할 수 있을 것이다.

인간 정신을 구성하는 요소 중에서 인류 문명의 진보와 관련된 것에 대한 내 생각의 여정은 창조 의지라는 인간 정신을 구성하는 요소를 발견하고 창조 의지를 법률화, 제도화, 일반화, 도덕화시켜야 한다는 결론에 이르게 되면서 긴 여정은 막을 내렸다.

/ 목차 /

PART 1.
인간 정신을 구성하는 요소인 자유 의지,
평등 의지와 인류 문명의 진보에 대하여

PART 6.
창조 의지에 대하여

PART 7.
한국인, 한국, 한민족을 변화,
발전시키는 방법에 대하여

PART 8.
'문화의 중력'에 대하여

_ 개인의 창조력, 창의력에 영향을 주는 것은 국가에 의하여 주도되는 교육과 개인을 둘러싸고 있는 문화이다. 그것에 변화를 주는 것만이 개인의 창조력, 창의력에 영향을 줄 수 있는 유일한 길이다 _ 180

PART 9.
여러 가지 생각들

자유민주주의 국가는 공산주의 국가와
비교하여 창조 의지를 현실화 할 수 있는
좋은 환경을 제공한다

  사회, 국가에 자유 의지가 법률화, 제도화, 일반화, 도덕화된다
는 것은 개인의 선택을 존중하는 문화가 사회, 국가에 정착된다
는 것을 의미한다. 이러한 문화는 개인의 창조 의지가 선, 욕망과
융합하여 창조력, 창의력으로 나아가고, 지식재산권과 물체로 현
실화하는 데 좋은 환경을 제공한다.

  사회, 국가의 구성원이 자신의 삶을 스스로 선택하고, 그것을
뒷받침하는 문화가 사회, 국가에 정착되어 있다면, 그것은 개인
의 창조 의지가 현실화될 수 있는 좋은 토양이다.

  자유민주주의 국가는 공산주의 국가와 비교하여 개인의 선택
을 존중하는 문화가 일반화되어 있다. 이것은 개인이 창조 의지
를 현실화시키는 과정 속에서 좋은 환경을 제공한다.

  공산주의 국가는 인간의 자유 의지를 자유민주주의 국가와 비
교하여 상대적으로 많이 억압한다. 공산주의 국가는 인간의 자
유로운 선택을 자유민주주의 국가와 비교하여 상대적으로 많이
억압한다. 이것은 개인의 창조력, 창의력이 자유민주주의 국가와
비교하여 상대적으로 많이 억압된다는 것을 의미한다. 이것은

PART 9

여러 가지 생각들

인간은 그것에 대한 법률화, 제도화, 일반화, 도덕화가 이루어진 사회에서 교육을 통하여 자유 의지, 평등 의지를 그대로 받아들이고, 인간은 자유 의지, 평등 의지를 기초로 하여 여러 가지 문제를 판단하고 행동하는 인간으로 탈바꿈한다.

인간 정신을 구성하는 요소 중 자유 의지, 평등 의지가 그대로 잠재되어 내면에 남아 있으면 자유 의지, 평등 의지는 이성의 일부로 구성되지 못한다. 이러한 경우, 자유 의지, 평등 의지를 기초로 하여 판단하고 행동하는 인간은 될 수 없고, 자유 의지, 평등 의지가 표출되지 못하고 인간 정신에 잠재되어 내면에 남아있는 인간으로 살아가게 된다.

자유 의지, 평등 의지가 법률화, 제도화, 일반화, 도덕화의 과정을 통하여 외부에 표출되지 않고 인간 정신의 내면에 잠재되어 있던 시대를 역사 속에서 살펴보자.

자유 의지, 평등 의지는 고대 그리스 아테네의 민주주의 시대(현대 민주주의와 비교하여 많이 다르지만)를 제외하고는 중세까지 인간 정신을 구성하는 요소 속에 그대로 잠재되어 인간 정신의 내면에 남아 있었다.

그러다가 근대 이후 서유럽과 미국에서 인간 정신을 구성하는 요소에 잠재되어 내면에 남아있던 자유 의지, 평등 의지를 밖으로 끌어내어 법률화, 제도화, 일반화, 도덕화시키고, 그것을 서유럽과 미국에서 교육 제도, 교육 방법, 교육 내용을 통하여 자유 의지, 평등 의지를 국가 구성원에게 교육함으로써 자유 의지, 평등 의지는 인간 정신의 내면에 잠재된 상태가 아닌 인간 정신의 외부로 표출되어 근대 이후 서유럽과 미국의 기본적 이념이 되었다.

자유 의지, 평등 의지를 내면에서 밖으로 끌어내 현실화시킨 것은 제도와 법률이었다. 국가가 자유 의지, 평등 의지를 제도화, 법률화시키면 국가 구성원이 그 제도와 법률을 교육 제도, 교육 방법을 통하여 교육을 받아 그 내용을 받아들이고, 국가 구성원은 개개인이 내면에서 자유 의지, 평등 의지를 도덕화, 가치관화시킴으로써 자유 의지, 평등 의지는 개인, 사회, 국가의 기본 이념이 된다. 현재 자유 의지, 평등 의지는 개인, 사회, 국가, 세계의 기본 이념이다.

앞장에서 정의한 것처럼 자유 의지는 이러하다. '외적인 강제, 지배, 구속을 받지 않고 자발적으로 행위를 선택할 수 있게 하는 인간의 의지.'

앞장에서 정의한 것처럼 평등 의지는 이러하다. '신분, 성별, 재산, 종족 등에 관계없이 인간의 기본적인 가치는 모두 동등하다는 인간의 의지.'

근대 이후 서유럽과 미국은 자유 의지, 평등 의지를 법률화, 제도화, 일반화, 도덕화하는 과정 속에서 왕조 시대의 왕, 귀족(성직자), 평민, 노예로 이루어진 신분제 사회 구조를 국민이 주인인 민주주의 시대로 변화시켰다. 인간은 근대 이후 자유 의지, 평등 의지를 법률화, 제도화, 일반화, 도덕화하는 과정 속에서 자유 의지, 평등 의지가 인류 문명의 기본 이념이 되게 하였고, 인간은 그것을 통하여 왕조 시대의 제도, 법, 도덕, 가치관 등을 타파하고 나아가 왕조 시대 자체를 타파하여 지금의 민주주의 시대를 열었다.

영국에서 산업혁명이 발생한 이유 중
가장 중요한 것은 영국에서 자유 의지,
평등 의지를 법률화, 제도화, 일반화,
도덕화하는 과정 속에서 산업혁명을
뒷받침하는 사회 구조가 형성되었기 때문이다

위키백과에서 산업혁명의 정의를 그대로 인용하였다. '산업혁명은 18세기 중반부터 19세기 초반까지 영국에서 시작된 기술의 혁신과 이로 인해 일어난 사회, 경제 등의 큰 변혁을 일컫는다.'

산업혁명의 정의를 살펴보면 산업혁명이 영국에서 일어난 이유는 기술의 혁신이다.

영국에서 어떤 계급이 산업혁명을 가능하게 한 기술의 혁신을 이룩하였는가? 그것은 시민 계급에 의하여 이루어졌다. 시민 중 기술의 혁신을 이룩한 개인은 다양한 교육 방법을 통하여 지식, 기술을 축적하고, 축적된 지식, 기술을 바탕으로 기술 혁신을 이룩했다.

시민계급이 왕과 귀족계급에 대한 정치적 투쟁에서 승리하여 자원의 분배에 대한 참여가 가능해지자 생활이 나아지고 다양한 방법으로 교육받을 기회가 시민계급에게 많이 부여되었다.

근대 이후 영국에서 자유 의지, 평등 의지를 법률화, 제도화, 일반화, 도덕화하는 과정 속에서 다양한 교육 방법을 통하여 교육받을 기회가 시민에게 많이 주어졌고, 시민 중 지식, 기술을 축적한 개인에 의하여 기술의 혁신이 일어났다. 그리고 산업혁명으로 이어졌다.

영국에서 산업혁명이 일어난 이유 중 가장 핵심적인 것에 대한 내 생각은 이러하다.

시민계급의 정치적 투쟁의 승리에 의한 시민에 대한 교육 기회가 확대됐고, 그것에 따라 시민들 개개인의 지식, 기술 축적이 가능했고, 개개인의 지식, 기술 축적이 개인의 욕망과 결합하여 산업혁명의 원천인 기술 혁신이 발생한 것이다.

산업혁명을 가능하게 한 중요한 기술 혁신이 교육 기회의 확대에 따라 교육을 통한 지식, 기술을 축적한 시민 중 개개인에 의하여 이루어졌다는 것이 그것을 증명한다.

네이버 지식백과에서 아래 인물들에 대한 내용 중 일부를 발췌하였다.

리처드 아크라이트(1732~1792) : 수력을 이용한 방적기를 발명하였다. 이발사, 가발공으로 '시민 출신'이다.

존 케이(1704~1764) : 방추기를 혁신한 플라잉 셔틀을 발명하였다. 방적 기사로 '시민 출신'이다.

리처드 트레비식(1771~1833) : 처음으로 증기 기관차를 발명하였다. 광산 지배인 아들로 '시민 출신'이다.

제임스 하그리브스(1745~1778) : 복식 수동 방적기인 '제니 방적기'를 발명하였다. 목수 일과 베를 짜는 일을 했던 '시민 출신'이다.

제임스 와트(1736~1819) : 개량된 증기기관을 발명했다. 아버지는 조선공, 선주, 하청업자, 도시 고위 공무원으로 '시민 출신'이다.

근대 이후 영국은 자유 의지, 평등 의지의 이념을 수용하고 경제적 자유, 민주적인 사회제도, 정치 참여의 확대를 요구한 시민계급과 왕, 귀족 사이의 투쟁에서 시민계급의 점진적인 승리로 종결되었다. 이것은 자유 의지, 평등 의지가 일부 제도화, 법률화되는 것을 의미했고, 시민이 교육을 받을 수 있는 기회가 늘어난다는 것을 의미했다.

시민이 교육을 받을 수 있는 기회가 늘어나고 점점 더 다양한 교육 방법을 통하여 지식, 기술의 축적에 의한 지적 능력이 향상되면, 개인의 지적능력이 욕망과 결합하게 되고, 그것은 그 개인에게 강력한 동기부여가 되어 기술이 발전하게 된다. 그리고 그것은 기술의 혁신으로 이어지고 기술의 혁신은 영국의 산업혁명을 가능하게 했다. 이것이 영국에서 산업혁명이 가능했던 여러 가지 요인 중 가장 중요한 요인이라고 나는 사유한다.

'문화의 중력'에 대한 정의

　중력이 인간을 지구 쪽으로 끌어당겨 지구에 머물게 하듯이, 특정 지역의 문화는 인간을 그 문화 속으로 끌어당겨 그 문화에 머물게 한다('문화의 중력'은 내 생각을 정리하여 정의하였다. 문화의 중력 정의에서 '문화'라는 명사는 인류 문명의 정통성인 자유 의지, 평등 의지를 억압, 통제하는 문화를 뜻하는 것으로 축소하여 사용한다).

PART 8

'문화의 중력'에 대하여

식, 기술은 그 개개인이 속한 문명의 다른 인간에게 교육되어 그 문명의 지식, 기술에 축적된다. 그리고 멸망된 문명의 지식, 기술은 그것을 이어받은 문명의 구성원에 의하여 또 다른 지역의 문명으로 연결된다.

이것이 컴퓨터 등이 등장하기 전 인류 문명이 지식, 기술을 축적하는 방법이다.

과거 인류의 역사 속에서 사라진 문명은 많이 있다. 사라진 문명의 하나같은 공통점은 무엇인가? 그것은 사라진 문명이 품고 있던 지식, 기술의 단절과 소멸이다. 멸망된 문명의 축적된 지식, 기술을 품고 있는 인간, 책이 단절, 소멸되면 멸망된 문명의 축적된 지식, 기술은 단절, 소멸되고, 그 문명은 역사 속에서 사라지게 된다.

지식, 기술의 축적은 가르쳐주는 존재가
있을 때 쉽고, 새로운 지식, 기술의 진보는
가르쳐주는 존재가 없으므로 어렵다

인간이 그 무엇의 도움도 없이 스스로 지식, 기술을 깨우치는
것은 매우 어려운 일이다. 문명의 발생 전에 매우 긴 시간 동안
더딘 진보를 보인 인류 역사가 그것을 증명한다. 그러므로 인간
에게는 가르쳐주는 존재가 필요하다. 가르쳐주는 존재는 스승,
책, 라디오, 텔레비전, 인터넷, 회사들 간의 기술 이전 등이다.

인간은 가르쳐주는 존재가 있을 때 지식, 기술의 축적을 쉽게
할 수 있다. 그러하기에 인간은 인류 역사 속에서 다양한 교육
제도와 교육 방법을 만들었다.

개인이 지식, 기술을 상당히 축적한다고 할지라도 개인 스스로
새로운 지식, 기술의 진보를 이루어내는 것은 매우 어려운 일이
다. 그 이유는 가르쳐주는 존재 없이 오로지 개인의 힘으로 새로
운 지식, 기술의 진보를 이루어내야 하기 때문이다. 그러하기에
지금은 다수의 개인이 팀을 만들어 새로운 지식, 기술의 진보를
이루기 위해 도전하는 경우가 많다.
지식, 기술의 축적은 가르쳐주는 존재가 있을 때 쉽고, 새로운

지식, 기술의 진보는 가르쳐주는 존재가 없으므로 어렵다. 이것을 도구로 하여 미국, 선진국, 중국의 경제를 생각해 보자.

중국 경제의 급격한 고성장의 이유 중 하나는 가르쳐주는 존재가 있었기 때문에 가능했다. 덩샤오핑을 지지하는 집단에 의하여 주도된 개혁, 개방 정책이 시행될 당시 중국은 선진국과 비교하여 지식, 기술이 뒤쳐진 국가였다.

그러한 중국에 지식, 기술을 가르쳐주는 존재는 누구였을까? 내 생각에는 미국, 일본, 독일, 한국 등 선진국, 선진국의 기업, 선진국에 유학 간 중국인이 중국에 지식, 기술을 가르쳐주는 존재였다고 생각한다.

중국보다 선진 지식, 기술을 가지고 있던 국가들은 중국과 기술, 문화 교류 등을 통하여 중국에 지식, 기술을 가르쳐주었다. 중국인 중 일부는 유학을 통하여 선진국의 지식, 기술을 학습하고 그것을 중국에 전파하였다. 선진국이 축적하고 있던 지식, 기술이 유학이라는 제도를 통하여 중국과 연결된 것이다.

자본주의의 주체인 기업은 중국이 개방되자 기업의 이윤을 창출하고자 하는 욕망에서 앞다투어 중국에 진출하였다. 그리고 각 국가의 기업은 원하든 원하지 않든 간에 중국에 지식, 기술을 가르쳐주는 핵심적인 존재가 되었다. 선진국 기업은 중국에서 이윤을 창출하고자 하는 욕망에 이끌려 중국에 지식, 기술을 가르쳐주는 핵심적인 존재가 된 것이다.

가르쳐주는 존재가 있는 중국은 쉽게 지식, 기술을 축적할 수 있었다. 그리고 중국은 급격한 고성장을 이룩할 수 있었다. 중국의 앞날은 어떻게 될 것인가? 시간이 어느 정도 흐르면 더 이상 가르쳐주는 존재가 사라진 중국은 선진국처럼 저성장의 길을 걸어갈 것이다.

학자들은 선진국 경제가 저성장 할수밖에 없는 여러 가지 이유들을 이론적으로 설명하고 있다. 그 중에서 내가 주목하는 것은 선진국에서는 새로운 지식, 기술의 진보가 어렵다는 것이다. 내 생각에 그 이유는 선진국은 가르쳐주는 존재가 없기 때문이라고 생각한다. 가르쳐주는 존재가 없는 선진국은 새로운 지식, 기술의 진보를 이룩하는 것이 어렵다. 그러므로 새로운 지식, 기술의 진보라는 측면에서만 생각한다면 선진국 경제는 저성장 할수밖에 없다.

미국은 가르쳐주는 존재 없이 새로운 지식, 기술의 진보를 다른 선진국과 비교하여 많이 이룩하였다. 그것에 대하여 여러 가지 이유가 있을 것이다. 그 중에서 교육과 문화에 기초한 주관적인 사유를 적어 본다.

자유 의지를 기반으로 한 개인의 선택을 존중하는 미국의 문화, 자유로운 토론식 수업의 교육 방법을 현실화시킨 미국의 교육 제도가 천재성을 가진 개인과 만났을 때 새로운 지식, 기술의 진보가 일어난다. 그리고 개인이 진보시킨 지식, 기술은 미국의 창업 생태계와 연결되어 새로운 지식, 기술을 가진 기업의 탄생으로 현실화된다.

미국식 문화, 교육 제도는 유교 문화의 영향이 많이 남아있고 암기식 교육이 남아 있는 한국과 비교할 때 장·단점이 있다. 장점은 위에서 언급한 것이다. 이러한 장점은 천재성을 가진 개인의 의지와 미국의 창업 생태계가 융합하여 새로운 회사로 미국 사회에 표출된다. 그리고 이것이 미국 사회를 이끌어 간다. 극소수의 개개인이 새로운 지식, 기술의 혁신을 통해 회사를 창업하고 그 회사에 의하여 미국 사회가 앞으로 나가는 것이다.

단점은 미국인 전체의 지적 능력이 한국인 전체의 지적 능력보다 떨어진다는 것이다. 그 이유는 인간은 누구나 공부하는 것을 싫어한다는 것에서 찾을 수 있다(예외적으로 어떤 특정 분야에서 흥미를 느껴 그 분야의 공부를 좋아하는 것은 제외한다). 암기식 교육의 최대 장점은 많은 지식을 주입할 수 있다는 것에 있다. 즉 공부하는 것을 싫어하는 인간에게 강제적으로 지식, 기술을 주입할 수 있다는 것이다.

인간 개개인은 자신이 알고 있는 지식의 범위 내에서 지적 능력이 형성되기 때문에 전체적인 면에서 한국인은 미국인보다 지적능력이 우월하다. 그러나 이것은 사회, 국가에 표출되지 않는다. 그 이유는 새로운 지식, 기술의 혁신을 통해 회사를 창업하는 미국에서와 같은 천재가 한국에서는 나타나지 않기 때문이다. 그것은 문화와 교육 제도의 차이에서 오는 것이다. 유교적 문화와 암기식 교육을 실시하는 나라에서 미국에서와 같은 천재가 나타나지 않는 것은 개인이 선택하는 것에 대한 억압 정도, 암기식 교육과 비교하여 우월한 토론식 교육의 장점인 창의력과 창조력의 차이 때문이다. 이것은 한국, 중국, 일본 등과 같이 암기식 교육을 시행하고 있는 나라에서 나타나는 공통적인 문제점이다.

한국은 문화와 교육에서 미국에 배워야 할 것이 있다. 이것은 선택의 문제가 아니라 필연의 문제다. 한국인, 한국, 한민족의 많은 문제점을 해결하기 위한 시발점은 이것이 되어야 한다. 이것이 이루어지지 않는다면 한국인, 한국, 한민족은 진정으로 원하는 것을 얻을 수 없다.

한국은 개인의 선택을 존중하는 문화와 자유로운 토론식 수업의 교육 방법을 배워야 한다. 그리고 그것을 한국에 정착시켜야 한다. 그것을 통해 미국식 교육(토론식 교육)과 한국식 교육(암기식 교육)을 융합하여 개인의 창조력, 창의력을 증진시키는 쪽으로 한국 교육 제도를 변화시켜야 한다.

그것을 한국인이 성공적으로 완수한다면 한국은 가르쳐주는 존재가 없어도 인류 문명에서 나타나는 새로운 지식, 기술의 진보 중 일부는 한국에서 나타날 것이다. 그것은 한국인, 한국, 한민족이 진정으로 원하는 것을 얻을 수 있는 힘을 줄 것이다.

한국인에 의하여 추진되는 창조 의지를 법률화, 제도화, 일반화, 도덕화시키는 과정 속에서 한국은 강력한 힘을 갖게 될 것이다

역사를 살펴보면 특정 시대의 제도, 법 등을 개혁하는 것에 대하여 그 시대에 존재하는 기존의 이념으로 그 시대의 제도, 법 등의 개혁, 혁신을 이끌어내는 것은 대부분 실패했다.

역사를 살펴보면 인류 문명의 진보는 아래와 같은 과정 속에서 이루어지는 것으로 생각된다. 사상가, 과학자 등에 의하여 기존에 일반적으로 통용되던 생각의 전환이 이루어지고, 그 사상가, 과학자 등에 의하여 영향을 받은 개개인의 생각이 변한다. 그리고 그 개개인이 모여 다수의 집단을 이루고, 그 다수의 집단에 의하여 그 시대의 제도와 법률 등이 변화한다. 제도와 법률이 변화되는 과정 속에서 교육 제도와 교육 방법도 진보하게 된다. 진보된 교육 제도와 교육 방법을 통하여 그 시대의 인간은 교육을 받는다.

그리고 그것을 통해서 기존의 인간과 비교하여 인간 정신 중 일부가 진보된 인간들이 그 시대의 주류를 형성하고 그들이 그 시대를 지배하면서 그 시대의 진보는 완성된다. 한 시대의 진보는 이러한 과정 속에서 이루어진다.

PART 7

한국인, 한국, 한민족을 변화, 발전시키는 방법에 대하여

된 교육기관에 의하여 교육되는 지식, 기술은 정치, 사회, 문화의 필요성에 의하여 한계된 지식, 기술만을 교육하였다.

특정 지역의 구성원이 교육받은 지식, 기술의 한계성은 특정 지역의 정치, 경제, 사회, 문화를 지배하는 근원이 된다. 그 이유는 인간은 자신이 알고 있는 지식 내에서 이성이 형성되고 판단을 하기 때문이다.

특정 사회 구성원의 이성과 판단이 교육기관에 의한 한계된 지식의 교육으로 동일성, 일반성을 갖게 될 때 그 사회, 국가는 지식의 한계성으로 인하여 진보의 한계성을 갖게 된다. 진보의 한계성은 사회, 국가의 정체를 의미한다. 한국, 중국의 역사가 이것을 증명한다.

인류 역사 속에서 이러한 지식의 한계성을 뛰어넘어 참된 지식과 이론을 발견하려는 시도를 했고 그것을 시행한 적이 있다. 고대 그리스 아테네에 대학교의 원형이라고 할 수 있는 플라톤이 세운 학교 '아카데미아'와 아리스토텔레스가 세운 학교 '리세움'이 그것이다.

'아카데미아'와 '리세움'은 자유로운 토론, 비판적인 대화를 통한 참된 지식과 이론을 발견하는 교육 방법을 시행하였다. 그리고 그것을 어떤 경로, 방법을 통해서든 서유럽에서 받아들였다(뒷장 '아카데미아'의 교육 방법과 축적된 지식의 연결에 대한 추론 참고).

서유럽이 대학교의 원형인 '아카데미아'와 '리세움'의 교육 방법을 점진적으로 받아들여 지식의 한계성을 대부분 극복한 순간부터 서유럽과 지식의 한계성을 극복하지 못한 지역들 간의 지식, 기술의 격차는 시간이 지날수록 더욱 벌어지게 된다. 그리고 지식, 기술의 큰 차이는 근대 이후 서구 열강에 의한 식민지 지배라는 현상으로 표출된다.

현대는 국가에 의하여 실시되는 자유, 평등, 창조, 인간의 존엄성 등과 같은 상식적, 일반적, 보편적인 내용의 교육과 책, 인터넷 등에 의한 개방적, 포괄적 교육을 통하여 지식, 기술의 한계성이 대부분 없어졌다. 그러나 일부 특정 지역은 '문화의 중력'과 역사, 전통을 정치적으로 이용하는 세력들이 존재하고 있다. 그 세력들은 교육 제도와 교육 방법을 통하여 한계 된 지식을 그 지역의 구성원에게 강요하고 있다. 그 세력들에 의하여 한계 된 지식을 강요받은 그 지역 구성원은 한계 된 지식만을 습득한다. 한계된 지식만을 습득한 그 지역 구성원은 한계 된 이성이 형성되고 한계 된 판단을 하게 된다. 그것이 현재 세계에서 벌어지고 있는 지역 분쟁의 중요한 근원이 되고 있다.

그러므로 지역 분쟁을 해결하기 위해서는 특정 지역에서 '문화의 중력'과 역사, 전통을 이용하는 세력들에 의하여 그 지역 구성원에게 강요되는 지식의 한계성을 극복해야 한다. 국가가 실시하는 자유, 평등, 창조, 인간의 존엄성 등과 같은 상식적, 일반적, 보편적인 내용의 교육을 강화시켜 시행해야 하고 책, 인터넷 등에 의한 개방적, 포괄적 교육을 통하여 특정 지역 구성원의 지식 한계성을 극복하여야 한다. 이 과정을 통해서 한계 된 지식에 의한 한계 된 이성과 판단을, 포괄적 지식에 의한 상식적, 일반적, 보편적 이성과 판단으로 변화시켜야 한다.

고대 그리스 아테네에 플라톤이 세운 학교 '아카데미아'와 아리스토텔레스가 세운 학교 '리세움'은 지식의 한계를 정해 놓지 않고 교육을 하였다. 지식의 한계를 정해 놓지 않고 자유로운 토론, 비판적인 대화를 교육 방법으로 제자를 가르친 학교이다. '아카데미아'와 '리세움'은 지식의 한계를 정해 놓지 않고 자유로운 토론, 비판적인 대화를 통한 참된 지식과 이론을 발견하는 것이 교육의 목적이었다. 지식의 한계를 정해놓지 않은 교육 방법에 의하여 교육받은 학생은 당연히 지식의 한계성을 극복하게 된다.

일반적으로 '아카데미아'는 기원전 387년부터 기원후 529년까지 이어진 것으로 알려졌다(네이버 지식백과 '교육학 용어사전' 참고). 그러나 내 생각은 다르다. 기원후 529년 이후에도 '아카데미아'의 교육 방법과 축적된 지식은 단절되지 않았을 것으로 생각된다.

책과 소수의 지식인에 의하여 '아카데미아'의 축적된 지식과 교육 방법은 계속 이어지다가 그리스 옆 이탈리아에 위치한 중세 최초의 대학인 '볼로냐 대학교'로 연결시켰을 것으로 생각된다. 이후 프랑스 파리 대학교, 영국 옥스퍼드 대학교 등으로 연결되어 15세기에는 유럽에 70여 개의 대학교가 존재하게 되었으며 그 대학교들의 축적된 지식, 기술과 교육 방법은 현대의 대학교로 연결되었다.

플라톤이 세운 학교 '아카데미아'의 참된 지식과 이론을 발견하기 위한 교육 방법과 축적된 지식은 그 당시 다른 문명에는 없었던 것이다. 그리고 그 이후에도 서양을 제외한 다른 문명에는 없었다. 이것이 서유럽의 번영을 가능하게 하는 씨앗이 되었고 근대 이후 서양과 그 이외 문명의 운명을 결정하는 중요한 요인이 되었다.

왜 고대 그리스 아테네 민주주의의
축적된 지식은 다른 곳이 아닌 서유럽으로
연결되었는가? 왜 다른 곳이 아닌 서유럽에서
인류 문명의 진보가 이루어졌는가?

네이버캐스트 인물 세계사에서 아테네 민주정치의 전성기를 가져온 대정치가 페리클레스(BC 495~BC 429)에서 그대로 인용하였다.

"우리의 정치 체제는 이웃 나라의 관행과 전혀 다릅니다. 남의 것을 본뜬 것이 아니고, 오히려 남들이 우리의 체제를 본뜹니다. 몇몇 사람이 통치의 책임을 지는 게 아니라 모두 골고루 나누어 맡으므로, 이를 데모크라티아(민주주의)라고 부릅니다. 개인끼리 다툼이 있으면 모두에게 평등한 법으로 해결하며, 출신을 따지지 않고 오직 능력에 따라 공직자를 선출합니다.

이 나라에 뭔가 기여를 할 수 있는 사람이라면, 아무리 가난하다고 해서 인생을 헛되이 살고 끝나는 일이 없습니다. (…) 실로 우리는 전 헬라스(그리스)의 모범입니다."

기원전 431년, 페리클레스는 전몰자들을 추도하는 장례식 연설에서 절정에 달해 있었던 아테네의 민주주의를 이렇게 찬양했다.

기원전 431년에 페리클레스가 전몰자 장례식 연설에서 말한 것처럼 아테네는 인류 문명에 민주주의(현대의 민주주의와 비교하면 차이가 있지만)라는 영원히 꺼지지 않는 불을 남겼다.

고대 그리스 아테네는 인류 문명에 말로 표현할 수 없을 정도
의 위대한 유산을 두 가지 남겼다. 하나는 '민주주의'이다(성인이 된
남자 시민에게만 참정권이 보장된다는 면에서, 직접 민주주의라는 면에서 현대 민
주주의와 비교하면 다른 점이 많다). 둘은 자유로운 토론, 비판적 대화를
통한 참된 지식과 이론을 발견하는 것을 교육의 목적으로 하는
'교육 방법'이다. 이것이 인류 문명에 끼친 영향은 광범위하고 포
괄적이며 현재는 물론 미래에도 영향을 줄 것이다.

왜 고대 그리스 아테네에서 이러한 일이 가능했을까? 이것에
대하여 사유한다. 사유의 도구는 내가 사유하는 모든 것의 기초
인 인간이다.

고대 그리스 아테네의 성인 남자 시민이 내 앞에 있다. 그는 인
간이다. 그러므로 그는 선과 악이 혼합된 존재다. 그의 정신은 선
한 요소와 악한 요소가 혼합되어 있다. 그의 정신 속에 있는 선
한 요소 중에는 자유 의지, 평등 의지가 있다.

그의 정신을 구성하는 요소 중 자유 의지, 평등 의지는 밖으로
표출되어 법률화, 제도화, 일반화, 도덕화되면서 고대 그리스 아
테네 문명을 만들었다. 그의 정신 속에 잠재되어 있던 자유 의
지, 평등 의지가 밖으로 표출된 이유에 대하여 많은 학자들이 말
하고 있다.

내가 그것에 대하여 사유하는 과정 속에서 주목한 것은 이 두
가지 위대한 유산을 만든 자유 의지, 평등 의지이다. 이것이 인간
의 내면에 인간의 탄생과 더불어 있지 않았다면 아테네의 유산

은 없었을 것이다. 즉 이것이 인간의 내면에 존재했으므로 아테네의 유산은 남겨졌다.

사막의 꽃에 비유해 본다. 사막에는 꽃이 없다. 그러나 몇 년에 한 번 여러 가지 조건이 맞으면 사막에도 꽃이 핀다. 사유의 중심을 조건에 두지 말고 사막의 꽃에 두자. 그러면 우리는 알게 된다. 보이지는 않지만, 꽃의 뿌리는 사막의 내면에 존재한다는 것을 알게 된다. 그리고 꽃을 피우기에 알맞은 조건이 주어지면 사막의 내면에 보이지 않고 존재하는 꽃의 뿌리에서 줄기가 나오고 꽃을 피우게 된다는 것을 알게 된다. 고대 그리스 아테네가 인류 문명에 남긴 두 가지 위대한 유산은 사막의 꽃에 비유할 수 있다.

의문에 대한 사유의 답은 이러하다. 고대 그리스 아테네 문명은 구성원인 성인 남자 시민의 정신에 내재되어 있던 자유 의지, 평등 의지가 그 당시 시대 조건에 부합하여 밖으로 표출된 것이다.

고대 그리스 아테네의 민주주의, 그 이외의 것들(인문, 과학)에 대한 축적된 지식과 플라톤이 세운 학교 '아카데미아'와 플라톤이 세운 학교 '리세움'의 교육 방법은 서유럽으로 연결되었다. 고대 그리스 아테네 민주정치에 대한 축적된 지식을 서유럽의 구성원 중 일부라도 받아들인 그 시점이 서유럽 민주정치의 시발점이라고 나는 생각한다.

내가 항상 궁금했던 것이 있었다. 그것은 아래와 같은 의문이었다.

고대 그리스 아테네의 민주주의, 그 이외의 것들(인문, 과학)에 대한 축적된 지식과 아테네 학교(아카데미아, 리세움)의 교육 방법을 서유럽으로 연결시켜 준 존재는 누구인가?

의문에 대하여 내가 얻어낸 답은 이러하다. 우선 모든 것의 근원인 인간으로 돌아가자. 그리고 인간을 생각해 보자. 인간은 자신이 알고 있는 것만큼 생각하고 판단한다.

서유럽의 구성원이 민주주의(현대의 민주주의와 비교하면 큰 차이가 있지만)를 알게 됐다면 그 어떤 존재가 서유럽의 구성원에게 민주주의를 가르쳐 주었다는 것을 의미한다(나는 서유럽의 구성원이 가르쳐주는 존재 없이 민주주의를 스스로 생각하여 제도화, 법률화시켰다고는 생각하지 않는다. 이것은 내가 생각하는 주관적인 논리를 표현한 것이다).

그것을 서유럽에 가르쳐 준 존재는 고대 그리스 아테네의 민주주의, 그 이외의 것들(인문, 과학)에 대한 축적된 지식과 아테네에 세워진 학교(아카데미아, 리세움)의 교육 방법을 습득하고 있던 인간과 그것을 포함하고 있는 고대 그리스 아테네의 책이었다.

왜 다른 지역도 많은데 하필 서유럽으로 연결되었는가? 많은 사유 끝에 내린 결론은 이러하다.

특정 지역에서 축적된 지식이 다른 지역으로 연결되기 위한 조건은 두 가지다. 이 두 가지 조건이 충족되는 경우에만 특정 지역에서 축적된 지식은 다른 지역으로 연결된다. 하나는 축적된 지식을 연결시켜 주는 존재가 있어야 한다. 둘은 다른 지역에서 축적된 지식의 연결을 받아들이는 존재가 있어야 한다.

특정 지역에서 축적된 지식을 다른 지역으로 연결시켜 주는 존재가 없다면 연결은 있을 수 없다. 다른 지역에서 축적된 지식의 연결을 받아들이는 존재가 없다면, 다른 지역에서 축적된 지식의 연결을 배척한다면, 다른 지역으로 축적된 지식을 연결시켜 주는 존재가 있어도 지식의 연결은 이루어지지 않는다.

고대 그리스 아테네의 민주주의, 그 이외의 것들(인문, 과학)에 대한 축적된 지식과 아테네에 세워진 학교(아카데미아, 리세움)의 교육 방법이 서유럽으로 연결된 이유는 고대 그리스 아테네에 플라톤이 세운 학교 '아카데미아'의 교육 방법, 축적된 지식과 책은 단절되지 않고 책과 소수의 지식인에 의하여 그리스 옆 이탈리아에 위치한 중세 최초의 대학인 '볼로냐 대학교'로 연결되고, 그 연결이 서유럽 각국으로 연결되었다. 이것이 첫 번째 이유다(이것은 축적된 지식, 기술이 단절, 소멸되지 않고 책, 인간으로 남아 있으면 계속적으로 연결되든 단절되었다가 책의 발견에 의하여 연결되든지 간에 연결된다는 것을 적은 것이다. 내 생각에 고대 그리스 아테네의 민주주의, 그 이외의 것들(인문, 과학)에 대한 축적된 지식과 아테네에 세워진 학교(아카데미아, 리세움)의 교육 방법을 습득하고 있던 인간과 그것을 포함하고 있는 고대 그리스 아테네의 책은 어떤 경로, 방법을 통해서든 서유럽으로 연결된 것이 확실하다고 생각한다).

서유럽의 구성원 중 일부는 고대 그리스 아테네의 축적된 지식을 배척하지 않고 받아들였다. 이것이 고대 그리스 아테네의 축적된 지식이 서유럽으로 연결된 두 번째 이유다.

이것은 인류 역사에서 중요한 것이다. 근대 이후 서유럽에서 발생하는 인류의 진보를 가져오는 여러 가지 사건들의 근원이 이것이라고 나는 생각한다.

그 이유는 인류 문명에서 왕, 귀족(성직자), 평민, 노예로 구성된 사회 구조를 기초로 하여 형성된 국가가 등장한 이후, 19세기까지 왕, 귀족(성직자), 평민, 노예로 구성된 사회 구조는 그대로 유지되었다. 근대 이후 서유럽, 미국에서 인간 정신을 구성하는 요소 중 자유 의지, 평등 의지를 법률화, 제도화, 일반화, 도덕화하는 과정 속에서 기존의 제도, 법, 도덕, 가치관을 타파하고, 사회 구조를 타파하고, 나아가 왕조 시대를 타파하여 민주주의 시대를 열 수 있었던 근원적 원인이 이것이기 때문이다.

또 다른 의문이 있다. 중세 이후 서유럽을 제외한 다른 문명은 진보하지 못하고 정체되어 있었다. 서유럽은 중세시대라는 인간의 진보에 있어 암울한 시대도 있었다. 그럼에도 불구하고 인류 문명의 진보는 서유럽에서 이루어졌다.

나의 의문은 이러하다. 왜 서유럽에서 인류 문명의 진보가 이루어졌는가? 수많은 사유 끝에 내린 결론은 이러하다.

고대 그리스 아테네의 민주주의, 그 이외의 것들(인문, 과학)에 대한 축적된 지식과 아테네에 세워진 학교(아카데미아, 리세움)에서 자유로운 토론, 비판적인 대화를 통한 참된 지식과 이론을 발견하는 것을 교육의 목적으로 하는 교육 방법을 습득하고 있던 소수의 인간과 그것을 포함하고 있는 고대 그리스 아테네의 책이 어떤 경로, 방법을 통해서든 서유럽으로 연결되고 그것을 서유럽이 배척하지 않고 받아들였기 때문이다.

19세기까지 서유럽과 미국을 제외한 지역에서 자유 의지, 평등 의지를 법률화, 제도화, 일반화, 도덕화하는 과정을 시도조차 못 했던 이유는 무엇인가?

:: **전제** ::

19세기까지 서유럽과 미국을 제외한 다른 지역 중 극히 일부 지역에도
자유 의지, 평등 의지에 대한 축적된 지식은 있었을 것이다.
그러나 그 지역에는 자유 의지, 평등 의지가 사회에 표출되지 못하고
지식의 상태로만 잠재되어 있었으므로 그 지역은 자유 의지,
평등 의지를 사유하는 대상에서 배제한다.

고대 그리스 아테네 민주주의의 축적된 지식은 근대 이전에 서유럽으로 연결되었다. 그러므로 근대 이전에 서유럽의 구성원 중 일부는 자유 의지, 평등 의지에 대한 축적된 지식을 갖고 있었다.

19세기까지 서유럽과 미국을 제외한 지역에는 자유 의지, 평등 의지에 대한 축적된 지식이 없었다. 물론 상식적으로 생각한다면 고대 그리스 아테네의 민주주의, 그 이외의 것들(인문, 과학)에 대한 축적된 지식과 아테네에 세워진 학교(아카데미아, 리세움)에서 자유로운 토론, 비판적인 대화를 통한 참된 지식과 이론을 발견하는 것을 교육의 목적으로 하는 교육 방법이 소수의 인간과 그것을 포

함하고 있는 고대 그리스 아테네의 책에 의하여 서유럽 이외의 극히 일부 다른 지역으로도 연결되었을 것이다.

그러나 연결된 지역은 그것은 받아들이지 않고 배척하였다. 다른 지역에서 배척했다는 것은 인류 역사를 살펴보면 알 수 있다. 19세기까지 인류 역사를 살펴보면 서유럽과 미국을 제외한 다른 지역에서 그것을 받아들였다는 흔적을 찾을 수 없다. 그것은 연결된 것이 배척되었다는 것을 증명한다.

19세기까지 서유럽과 미국을 제외한 지역에서 자유 의지, 평등 의지를 법률화, 제도화, 일반화, 도덕화하는 과정을 시도조차 못했던 이유는 무엇인가? 내가 생각하기에 그것에 대한 이유는 이러하다.

19세기까지 서유럽과 미국을 제외한 지역은 자유 의지, 평등 의지에 대한 축적된 지식이 없으므로 당연히 그 지역 구성원에게 자유 의지, 평등 의지를 교육할 수 없었다. 19세기까지 자유 의지, 평등 의지에 대한 교육을 받지 못한 서유럽과 미국을 제외한 지역에 사는 구성원은 자유 의지, 평등 의지에 대한 교육을 통하여 정신, 이성 등을 변화시킬 수 있는 기회를 갖지 못했다.

19세기까지 서유럽과 미국을 제외한 지역의 구성원은 자유 의지, 평등 의지에 대하여 전혀 알지 못했다. 그러므로 19세기까지 서유럽과 미국을 제외한 지역의 구성원은 자유 의지, 평등 의지를 밖으로 표출시켜 법률화, 제도화, 일반화, 도덕화시키는 시도조차 하지 못했다. 이것이 서유럽과 미국을 제외한 지역에서 자유 의지, 평등 의지를 법률화, 제도화, 일반화, 도덕화하는 과정을 시도조차 못 했던 이유다.

조선 시대 조선인이 자유 의지, 평등 의지를 법률화, 제도화, 일반화, 도덕화하는 과정을 시도조차 못 했던 이유는 무엇인가?

조선 시대를 살았던 조선인 개개인의 정신에는 인간 정신을 구성하는 요소인 자유 의지, 평등 의지가 개개인의 정신에 잠재되어 내면에 존재했다. 그런데 왜 조선인은 조선인의 정신 속에 내재되어 있던 자유 의지, 평등 의지를 법률화, 제도화, 일반화, 도덕화하는 과정을 시도조차 못 했을까?

모든 인간은 자신의 정신 속에 자유 의지, 평등 의지를 갖고 있다. 그러므로 조선인 개개인의 정신 속에는 자유 의지, 평등 의지가 존재한다. 그럼에도 불구하고 조선인은 자유 의지, 평등 의지가 무엇인지 몰랐다. 조선인의 정신 속 깊은 내면에 잠재되어 존재만 했던 것이다.

조선인의 정신 속에 내재되어 있는 자유 의지, 평등 의지를 외부로 표출시키는 역할을 하는 것은 무엇인가? 그것은 자유 의지, 평등 의지에 대한 포괄적 교육이다.

자유 의지, 평등 의지를 조선인에게 교육시키려면 자유 의지, 평등 의지에 대한 축적된 지식이 조선에 있어야 하는데, 조선이 갖고 있던 축적된 지식 속에는 자유 의지, 평등 의지에 대한 지식의 축적이 없었다.

동양에는 자유 의지, 평등 의지에 대한 동양 자체에서 축적한 지식이 없었고, 고대 그리스 아테네의 민주주의에 대한 축적된 지식과의 연결도 없었기에 동양인에게 자유 의지, 평등 의지를 교육할 수 있는 축적된 지식은 없었다.

유교가 지배하는 조선에는 자유 의지, 평등 의지에 대한 축적된 지식이 없었고, 축적된 지식이 없으니 그것에 대한 교육도 없었다. 교육이 없으니 조선인의 정신, 이성 등은 변화하지 않았고, 조선인의 정신, 이성 등이 변하지 않으니 조선인의 정신에서 자유 의지, 평등 의지를 밖으로 끌어내어 법률화, 제도화, 일반화, 도덕화하는 시도를 조선인은 할 수 없었다.

조선은 유교를 주로 하여 동양 사상, 법률 등을 교육하였다. 유교에 관련된 책을 암기하는 교육 방법으로 충, 효 사상 등을 교육했고 조선인은 그것을 그대로 받아들였다. 조선인은 유교 등에 관한 한정된 과목만을 교육받았고, 그것 이외의 것은 교육을 받지 못했다. 그러므로 조선인의 지식 속에는 유교 등에 관한 한정된 지식만 있었고, 자유 의지, 평등 의지에 대한 지식은 없었다. 한정된 교육 과목과 암기식 교육 방법을 통한 유교 등에 관한 한정된 지식은 스펀지가 물을 흡수하듯이 그대로 조선인에게 학습되었다.

한국사를 살펴보면 유교의 신분 제도가 불합리하다고 느끼는 조선인은 많이 있었다. 그러나 그들은 유교 이외에 다른 지식을 알지 못했다. 그것은 다른 대안을 제시하지 못한다는 것을 의미한다.

인간은 자신이 알고 있는 지식의 범위 내에서 생각하고 판단하고 행동한다. 조선인 중 일부가 유교를 기초로 한 조선의 사회 구조가 변화되기를 원한다고 할지라도 그들은 자유 의지, 평등 의지가 무엇인지 몰랐다. 그러므로 사회 구조가 변화되기를 원하는 조선인이라고 할지라도 자유 의지, 평등 의지를 법률화, 제도화, 일반화, 도덕화하는 과정을 시도조차 못 했다. 이것이 조선인의 정신 속에 내재되어 있던 자유 의지, 평등 의지를 법률화, 제도화, 일반화, 도덕화하는 과정을 시도조차 못 했던 이유이다.

조선 최고의 학자 중 한 명이며 개혁 정치가인 조광조는 자유 의지, 평등 의지에 대하여 교육을 받지 못했고, 동양의 사상, 책 등에는 그것이 없었기에 자유 의지, 평등 의지를 알 수 없었다. 조광조가 알고 있는 지식은 유교 등에 관한 한정된 지식이었다. 그러므로 조선 사회의 모순을 알고 개혁을 하였으나 그것은 유교 틀 안에서의 개혁이었다. 조광조가 하고자 했던 개혁의 한계를 결정한 것은 조광조가 알고 있던 지식의 한계다.

자유 의지, 평등 의지만으로 인류 문명의 진보를
설명하기에는 부족하다. 그런 고민 속에서
인간 정신을 구성하는 요소 중 인류 문명을
진보시키는 요소로 발견한 것이 '창조 의지'이다.
창조 의지는 '선', '욕망'과 융합하여 창조력, 창의력
으로 나아가고, 창조력, 창의력은 '지식재산권'과
'물체'로 현실화, 형상화된다

인간 정신을 구성하는 요소인 자유 의지, 평등 의지를 법률화,
제도화, 일반화, 도덕화시키는 것만으로는 인류 문명의 진보가
완전히 설명되지는 않는다. 자유 의지를 법률화, 제도화, 일반화,
도덕화시키면 인간이 선택을 자유롭게 할 수 있다는 면에서, 평
등 의지를 법률화, 제도화, 일반화, 도덕화시키면 인간의 가치는
모두 동등하다는 것을 사회의 구성원이 인식한다는 면에서 진보
성을 갖고 있다. 그러나 그것만으로 인류 문명의 진보를 설명하
기에는 부족하다. 자유 의지, 평등 의지가 개인, 사회, 국가의 진
보에 유리한 환경을 조성하여 간접적으로 인류 문명의 진보에 영
향을 미치나, 직접적으로 인류 문명을 진보시키는 것은 아니기
때문이다.

그것에 대한 고민 속에서 내가 인간 정신을 구성하는 요소 중
문명을 직접적으로 진보시키는 요소로 발견한 것이 '창조 의지'이
다. 그리고 창조 의지에 대한 정의를 하였다. 앞의 창조 의지 정

PART 6

창조 의지에 대하여

각된다.

그런데도 한국에서 국어, 영어, 수학 위주의 암기식 교육을 시행하는 이유는 무엇인가? 내가 생각하는 이유는 이러하다.

한국에 있는 많은 대학교는 서열이 존재한다. 그리고 한국인이라면 누구나 명문대학교에 입학하고 싶어한다. 그러나 현실은 누구나 원한다고 명문대학교에 입학할 수 없다. 명문대학교는 규정에 의하여 입학 인원이 정해져 있기 때문이다.

이 문제를 해결하기 위하여 한국이 시행하는 교육 제도가 있다. 누구나 받아들일 수 있는 공정한 방법을 정해서 시험에 응시하게 하고, 그 결과에 따라서 시험 응시생을 일등부터 꼴등까지 줄을 세우고, 그 줄의 위치에 의하여 시험 응시생에게 대학교를 정해주는 것이다. 여기서 공정한 방법은 대학수학능력시험이다.

대학수학능력시험은 권력, 돈, 가문 등이 개입할 수 없는 완벽한 공정성을 갖고 있다. 대학수학능력시험의 완벽한 공정성은 시험을 보는 개개인에게 그 결과에 대한 완벽한 복종을 이끌어낼 수 있다. 대학수학능력시험에는 줄을 세울 시험과목이 필요하다. 그것이 국어, 영어, 수학이다. 한국에서 국어, 영어, 수학 위주의 교육을 시행하는 이유가 바로 여기에 있다.

현실이 그러하기에 고등학교는 교육받는 학생을 조금 더 서열이 높은 대학교에 보내기 위하여 국어, 영어, 수학을 위주로 한 암기식 교육 방법을 시행할 수밖에 없다. 이것이 한국 교육의 현실이며 본질이다. 그리고 이것은 수십 년 기간 동안 한국 교육 제도로 확정되고 정착되었다.

이것은 한국만의 문제가 아니다. 그것은 인간의 욕망에 기인한다. 인간의 욕망은 억제될 뿐이지 제거되지는 않는다. 그러므로 인간은 누구나 명문대학교에 입학하고 싶어한다. 그러나 현실은 소수만이 명문대학교에 입학한다. 이것을 해결하는 방법에는 국가마다 차이가 있겠지만 전 세계의 국가 중 대부분은 한국과 비슷한 방법으로 이 문제를 해결하고 있다.

한국인이라면 누구나 한국 교육 제도와 교육 방법의 문제점을 잘 알고 있다. 그러나 그것을 개혁, 혁신하기는 쉽지 않다. 수십 년의 기간 동안 정착된 대학수학능력시험이라는 제도로 상징되는 한국 교육 제도를 개혁, 혁신하는 것은 매우 어려운 일이고 한국 교육 제도를 개혁, 혁신하려면 한국인의 합의를 이끌어 낼 만한 대안을 제시하여야 하는데 그것도 매우 어려운 일이다.

한국 교육 제도는 선진국 교육 제도를 바탕으로 만들어졌고, 선진국과 비교하여 교육 방법을 제외하고는 선진국의 교육 제도와 흡사하다. 전 세계의 국가 중 대부분은 교육 방법에서만 차이를 보일 뿐 비슷한 교육 제도를 시행하고 있다. 다른 국가들과 차별화된 교육 제도와 교육 방법을 만드는 것은 매우 어려운 일이다.

한국 교육 제도를 개혁, 혁신할 수가 없기에 약간의 변형된 교육 제도가 정권이 바뀔 때마다 제시되어 왔다. 그러나 기본적인 교육 제도와 교육 방법은 그대로 유지되었다.

한국의 교육은 개혁, 혁신되어야 한다고 교육을 담당하는 부서의 직원, 선생님, 학생, 학부모 모두 생각한다. 그리고 한국인 중 대부분은 교육의 개혁, 혁신에 공감한다. 그러나 어떻게 개혁, 혁신할 것인가에 대해서는 누구도, 어느 집단도 한국인이 공감하는 대안을 제시하지 못하고 있는 것이 지금의 현실이다.

한국의 교육 제도와 교육 방법을 개혁, 혁신하기 위해서는 한국인의 교육에 대한 생각이 바뀌어야 한다. 교육을 교육만으로 바라보는 것이 아니라, 교육을 정치, 경제, 사회, 문화 등 모든 것과 연관이 있다는 시각에서 바라보아야 한다. 그러한 생각으로 교육을 바라보면 교육에 대한 생각은 아래와 같이 변할 것이다.

'경제가 교육이고, 교육이 경제다.' '경제와 교육은 분리된 것이 아니라 한 몸이다.' '교육의 변화가 한국 변화의 시작이자 끝이다.' '교육의 변화만이 한국의 실질적인 진보를 이룩할 수 있다.'

현재 한국의 교육 제도는 유치원, 초등학교, 중학교, 고등학교, 대학교, 대학원으로 되어 있고 교육 방법은 암기식 교육을 시행하고 있다. 이것을 개혁, 혁신하여야 한다. 개괄적으로 내가 생각하는 방법을 아래에 적었다.

교육 제도는 4세부터 11세까지는 이상적인 인간상을 현실에서 실현하기 위한 교육을 실시하여야 한다. 12세부터는 세분화, 전문화된 지식, 기술을 축적하기 위한 전문화, 세분화된 교육을 실시하여야 한다.

교육 방법은 한국에서 현재 시행되고 있는 암기식 교육 방법과 플라톤이 세운 학교인 '아카데미아'의 교육 방법인 지식의 한계를 정해 놓지 않고 자유로운 토론, 비판적인 대화를 통한 참된 지식, 이론, 기술을 가르치는 교육 방법을 순차적으로 시행해야 한다.

12세부터 15세까지의 교육 방법은 전공과목에 대한 포괄적 지식을 습득하기 위하여 한국의 교육 방법인 암기식 교육을 시행하여야 한다. 암기식 교육의 장점은 단기간에 많은 지식을 축적할 수 있다는 것이다. 전공과목에 대한 포괄적 지식, 기술을 습득하기 위해 한국의 암기식 교육 방법을 통하여 단기간 내 지식, 기술의 축적을 하고, 지식, 기술이 축적되면 축적된 지식, 기술을 기초로 하여 자유로운 토론, 비판적인 대화를 통한 참된 지식, 이론, 기술을 학습하여야 한다. 지식의 한계를 정해 놓지 않고 자유로운 토론, 비판적인 대화를 통하여 지식을 축적하는 교육 방법을 시행하려면, 그러한 교육 방법을 시행할 수 있을 정도의 지식, 기술을 개인이 축적하고 있어야 한다.

전문 지식의 축적이 형성된 16세부터는 지식, 기술의 한계를 정해 놓지 않고 자유로운 토론, 비판적인 대화를 통한 참된 지식, 이론, 기술을 학습할 수 있는 교육을 시행하여야 한다.

이것은 현재 유럽에서 가장 강한 독일 경제력의 원천인 독일의 교육 제도와 비슷하게 보일 수도 있다. 그러나 독일의 교육 제도와 한국이 앞으로 만들어 나갈 새로운 교육 제도는 근본적인 차이가 있다.

독일은 인간의 창조 의지를 법률화, 제도화, 일반화, 도덕화하는 과정 속에서 교육 제도를 만든 것이 아니다. 그러나 한국은 창조 의지를 법률화, 제도화, 일반화, 도덕화하는 과정 속에서 현재의 교육 제도를 변화, 개혁, 혁신하여 새로운 교육 제도를 만들어 나갈 수 있다고 본다.

개인의 창의력, 창조력을 극대화하기 위하여 12세부터 세분화, 전문화된 교육을 시행하고, 암기식 교육 방법과 자유로운 토론, 비판적인 대화를 통한 교육 방법을 순차적으로 시행하는 것이 앞으로 한국이 만들어 나갈 교육 제도의 핵심이다.

한국의 교육 제도와 교육 방법을 현재 상태로 유지하는 한 한국의 미래는 없다. 그러므로 한국인은 한국 교육 제도의 변화, 개혁, 혁신을 선택해야 한다. 한국의 교육 제도와 교육 방법을 개혁, 혁신시키면 한국인이 변화고, 한국인이 변하면 한국이 변하고, 한국이 변하면 한국의 국력이 강해질 것이다.

창조 의지를 법률화, 제도화, 일반화, 도덕화하는
과정 속에서 한국 교육의 개혁, 혁신을 가능하게
하는 이론을 제시할 수 있을 것이다

교육의 목적은 인간의 이성이 생각하는 이상적인 인간상을 현
실에서 실현하는 것이다.

고대 그리스 아테네에서 이상적인 인간을 찾아보면 플라톤이
가장 적합한 인물이다. 플라톤 같은 인간을 양성하려면 포괄적
교육을 통한 다양한 지식을 습득하고 창조력, 창의력 향상을 위
한 교육 방법을 선택해야 하며 신체 건강을 위한 체육 활동을 하
여야 한다.

사회 구성원이 많은 기간 교육을 통하여 축적한 지식, 기술 중
에서 사회가 요구하는 것은 개인의 직업 속에서 맡은 부분의 일
에 쓰이는 지식, 기술이다. 다른 부분의 지식, 기술은 필요하지
도, 요구하지도 않는다. 이와 같은 교육과 사회 현실의 괴리는 국
가 구성원 모두에게 해당되며 국가가 해결하여야 할 가장 우선적
인 문제이다.

인간에 대한 교육은 이상적인 인간상을 현실에서 실현하기 위
하여 포괄적으로 시행하고 있다. 그러나 회사는 회사에 필요한
지식, 기술만을 원하기에 교육과 사회 현실의 괴리는 모든 국가

에 존재한다. 개인이 사회에서 선택한 톱니바퀴 같은 역할 속에서 필요한 지식, 기술만을 남기고 많은 교육 기간 동안 어렵게 축적한 나머지 지식, 기술은 서서히 망각된다.

교육과 사회 현실의 괴리를 해결할 수 있는 방법은 무엇인가? 내가 생각하는 방법은 교육과 사회 현실의 융합이다.

교육 방법은 앞에 설명했듯이 대학입시를 위한 암기식 교육 방법에서 단기간 전문지식을 축적하기 위한 암기식 교육과 지식의 한계를 정해 놓지 않고 자유로운 토론, 비판적인 대화를 통한 참된 지식, 이론, 기술을 가르치는 교육으로 개혁, 혁신하여야 한다.

인간 정신을 구성하는 요소인 창조 의지를 법률화, 제도화, 일반화, 도덕화하는 과정 속에서 한국 교육의 개혁, 혁신을 가능하게 하는 이론을 제시할 수 있을 것이다.

한국인들끼리의 합의가 없이 교육 제도와 교육 방법을 개혁, 혁신한다는 것은 불가능하다. 한국인들이 합의를 할수밖에 없는 내부의 강력한 충격이 필요하다. 그 역할을 인간 정신을 구성하는 요소인 창조 의지가 할 수 있을 것이다.

현재보다 많이 개인의 창조력, 창의력을 지식재산권과 물체로 현실화, 형상화하기 위해서는 한국 교육 제도의 변화, 개혁, 혁신이 필요하다

인류 문명은 엄청난 진보를 이룩했다. 인류 문명은 고도화된 지식, 기술을 축적했다. 그것은 인간이 창조력, 창의력을 표출시키기 위해서는 더욱더 많은 전문적 지식, 기술의 축적이 필요하다는 것을 의미한다. 그것은 인간이 창조력, 창의력을 표출시키기 위해서는 교육에 더욱더 많은 시간이 필요하다는 것을 의미한다.

이것은 인간의 운명이다. 인간의 운명이기에 모든 문명의 문화, 제도 등은 이것에 적응하고 순응해야 한다. 이것에 적응하고 순응하는 문명만이 인류 문명을 이끌어 나갈 수 있다. 그러므로 한국인, 한국, 한민족은 이것에 적응하고 순응하는 문화, 제도 등을 만들어 나가야 한다. 그것이 한국인, 한국, 한민족의 나아갈 길이다.

개인의 창조력, 창의력이 지식재산권과 물체로 현실화, 형상화하기 위해서는 한 분야에 깊은 전문적 지식, 기술의 축적이 필요하며, 그러한 깊은 전문적 지식, 기술의 축적에는 많은 시간이 필요하다. 교육받는 자에게는 전문 분야를 빨리 선택하게 하고, 많은 시간을 줄 수 있는 문화, 제도 등을 만들어야 한다.

개개인이 전문적 지식, 기술의 축적을 위한 많은 시간을 갖기 위해서는 4세부터 11세까지는 인성 교육과 폭넓은 여러 분야의 교육을 시행해야 하고, 12세부터는 전문분야를 개개인이 선택하게 하여 자신이 선택한 전문분야에서 전문적 지식, 기술을 축적할 수 있는 충분한 기간을 갖도록 하여야 한다.

개인의 축적된 지식, 기술을 바탕으로 한 창조력, 창의력의 표출은 '컵에 물이 차면 물이 넘치는 이치와 같다'라고 비유할 수 있다. 개인이 망각을 극복하고 컵에 물이라는 지식, 기술을 가득 채워 넘치게 하는 어느 순간 개인의 창조력, 창의력이 지식재산권과 물체로 현실화, 형상화된다.

그것을 이루기 위해서는 개개인이 전문화된 지식, 기술을 축적하기 위한 많은 교육 기간이 필요하다. 많은 시간을 개개인이 확보하기 위하여 12세부터는 전문분야를 선택해야 한다. 그리고 그것을 뒷받침하기 위한 한국 교육 제도의 변화, 개혁, 혁신이 필요하다.

한국 교육 제도와 교육 방법의 변화, 개혁, 혁신에 대하여(지식, 기술은 축적되고 축적된 지식, 기술은 연결된다)

개인의 창의력, 창조력을 극대화하는 교육 제도와 교육 방법에 대하여 주관적인 생각을 개괄적으로 아래와 같이 적었다.

개인 학습능력의 평가에 대하여

11세 말에 포괄적 교육에 대한 개인의 학습능력을 평가하기 위한 객관식 절대평가를 실시한다.

15세 말에 4년간의 암기식 교육에 의한 전공과목의 지식, 기술을 평가하기 위한 객관식 상대평가를 실시한다.

19세 말에 4년간의 자유로운 토론, 비판적인 대화를 통한 참된 지식, 이론, 기술의 학습능력을 평가하기 위한 주관식 상대평가를 실시한다.

학교의 선택에 대하여

11세 말에 실시하는 객관식 절대평가 시험은 개인의 서열을 정하지 않고 학교 서열을 정하지 않는다.

15세 말에 실시하는 객관식 상대평가 시험은 개인의 서열을 정하고 성적에 따라 학교를 선택하게 한다.

19세 말에 실시하는 주관식 상대평가 시험은 개인의 서열을 정하고 성적에 따라 학교를 선택하게 한다.

개인의 선택에 대하여

11세까지는 국가의 교육 제도와 교육 방법에 의하여 학습한다.

12세에 개인의 의지에 따라 전공을 선택한다.

16세에 시험에 의하여 개인에게 정해진 서열에 따라 학교를 선택한다.

20세에 시험에 의하여 개인에게 정해진 서열에 따라 학교를 선택한다.

현재 한국의 교육 방법(사교육 제외)은 학교에서 선생님에 의하여 실시되는 교육과 집 등에서 텔레비전에 의한 교육(EBS 채널 강의, 전국에서 시청 가능)이 있다.

한국의 교육 방법을 개혁, 혁신하는 방법에 대하여 내가 사유한 것은 아래와 같다.

TV, 컴퓨터를 이용한 교육을 학교에서 시행하여야 한다. 특정 교육 내용을 잘 정리한 다큐멘터리에 의한 교육(방송국에서 전국에 방송 가능, 특정 주제의 선택과 집중이 가능, 정부가 비용 전액 지원)을 학교에서 시행하여야 한다. 국가가 전액 지원하는 비용(석학과 엔지니어에게 지급되는 비용 포함)으로 전 세계에 흩어져 있는 많은 석학과 엔지니어가 축적하고 있는 지식, 기술의 핵심을 요약하여 비디오테이프 등을 제작하고 필요한 학교, 개인 등에게 제공하여 교육하여야 한다.

전 세계에는 많은 석학과 엔지니어가 존재한다. 그들은 평생 동안 지식, 기술을 축적한다. 그리고 그들이 평생 동안 축적한 지식, 기술은 죽음과 함께 소멸한다. 책 등을 통해서 그가 축적한 지식, 기술을 남기지 못하는 자는 자신이 축적한 지식, 기술을 후세에 남기지 못한다. 그가 축적한 지식, 기술이 소멸되는 것이다. 책으로 남긴다고 해도 한국어로 번역되지 않으면 한국인은 그가 남긴 지식, 기술을 알 수 없다. 한국, 한국인과 연결이 되지 않는 것이다.

전 세계의 많은 석학과 엔지니어가 축적하고 있는 지식, 기술과 한국, 한국인과의 연결 방법을 찾아야 한다. 그 방법에 대한 내 생각은 이렇다. TV 등 화면으로 볼 수 있는 비디오 등으로 전 세계의 많은 석학과 엔지니어가 축적하고 있는 지식, 기술을 촬영하여 한국, 한국인과 연결하는 것이다. 예외적인 경우를 제외하고 인간은 자신이 축적한 지식, 기술이 남겨지고 이어지기를 바란다. 그러므로 한국 정부에서 촬영에 대한 적당한 비용과 함께 지식, 기술을 남길 수 있는 촬영 기회를 그들에게 준다면 그들은 그 기회를 고맙게 생각할 것이다. 그것을 한국 정부가 시행한다면 한국은 전 세계에 흩어져 있는 많은 석학과 엔지니어가 축적하고 있는 지식, 기술을 한국, 한국인과 연결시킬 수 있다.

한국인 중 일부는 전문적인 지식, 기술을 학습받기 위하여 미국 등으로 유학을 간다. 유학을 간 개인은 미국 등의 대학교에 입학하고 교수의 교육 내용을 학습한다. 개인은 학습을 통해 필요한 지식, 기술을 암기, 이해하고 유학을 간 나라에서 그 증거로

학위를 받고 한국에 돌아온다. 한국에 돌아온 개인은 자신이 학습한 지식, 기술을 다른 개인에게 연결하고 한국의 지식, 기술 속에 그것을 축적시킨다.

유학을 통해 외국의 지식, 기술이 한국, 한국인과 연결되는 방식은 일반적인 것이다. 여기에 한 가지 방법을 추가하자.

전 세계에 흩어져 있는 많은 석학과 엔지니어의 지식, 기술을 비디오테이프 등으로 제작하는 방법을 통해 한국, 한국인과 연결시킨다. 이것은 한국이 새로운 방법을 통해 전 세계의 지식, 기술을 한국인과 연결시키는 최초의 나라가 된다는 것을 의미한다. 그것은 한국이 교육에서 다른 나라들과 차별화된 교육 방법을 갖게 된다는 것을 의미한다. 그것은 한국이 교육에서 다른 나라들과 차별화된 강력한 경쟁력을 갖게 된다는 것을 의미한다. 그것은 한국이 다른 나라들과의 경쟁에서 차별화된 강력한 경쟁력을 갖게 된다는 것을 의미한다.

인류 문명의 지식, 기술은 '축적'된다. 인류 문명의 지식, 기술은 '연결'된다. 그러므로 전 세계의 축적된 지식, 기술은 한국으로 연결되어 한국인에게 축적시킬 수 있다. 전 세계 지식, 기술을 한국과 연결하여 한국의 지식, 기술로 이전시킨다면, 한국인은 전 세계의 지식, 기술을 한국에서 교육받을 수 있다. 물론, 연결이 안 되는 지식, 기술이 있다. 그러나 그것은 특정된 지식, 기술이다. 기초적, 전체적, 포괄적 지식, 기술은 연결이 안 될 수 없다.

전 세계의 많은 석학과 엔지니어가 축적하고 있는 지식, 기술을 한국의 지식, 기술로 연결하는 것에 관한 모든 비용은 무제한으로 한국 정부가 한국인과 한국 경제를 위하여 부담해야 한다. 한국인은 한국의 구성원이다. 한국인은 한국 교육이 만든다(문화 등이 인간 정신에 미치는 영향은 배제하고 교육만으로 사유한다). 한국인의 역량에 따라 한국 경제력은 정해진다. 한국인은 한국의 처음이자 끝이다. 그러므로 한국인을 만드는 한국 교육은 한국의 모든 것이다. 이것에 한국 정부는 모든 역량을 집중하여야 한다.

선진국 중 어떤 국가도 정부가 비용을 무제한으로 사용하여 전 세계에 흩어져 있는 많은 석학과 엔지니어가 축적하고 있는 지식, 기술을 자국과 연결하고, 자국의 지식, 기술로 이전시키는 작업을 하지 않는다. 한국이 이것을 먼저 시행한다면 한국이 최초로 시도하는 것이다. 처음으로 시도하는 것은 어려움과 실패의 두려움이 따르지만, 성공한다면 한국은 다른 국가와는 차별화된 경쟁력을 갖게 된다.

전 세계에 흩어져 있는 많은 석학과 엔지니어가 축적하고 있는 지식, 기술을 한국의 지식, 기술로 연결하고 이전시키는 일을 성공적으로 수행할 수 있으려면, 그것의 당위성을 증명하는 이념, 그것을 추진하여 이룰 수 있는 힘이 있어야 한다. 그 힘은 한국인이 합의를 이룰 때 나온다. 한국인의 합의와 당위성을 증명하는 이념은 창조 의지를 법률화, 제도화, 일반화, 도덕화시키는 과정 속에서 한국인의 앞에 표출될 것이다.

한국 경제는 위기의 한가운데로 빨려들어 가고 있다. 한국은 시간이 없다. 한국인은 선택을 해야 한다. 한국인에게 묻고자 한

다. 어느 국가도 하지 않은 새로운 도전을 지금 할 것인가? 아니
면 이대로 말라 죽을 것인가?

한국 교육이 한국 경제이고 한국 경제가
한국 교육이다. 한국의 교육과 경제는 일체화되어
야 한다. 한국 교육과 한국 경제의 일체화 과정에
서 나타나는 내부의 저항을 극복하는 데
창조 의지의 이념이 도움을 줄 것이다

한국 교육의 구성원은 한국인이다. 한국 경제의 구성원은 한국
인이다. 한국 교육과 한국 경제의 구성원은 한국인이다. 즉 한국
교육의 구성원이 한국 경제의 구성원이다.

국가 간의 경쟁에서 승자와 패자를 결정하는 중요한 요소 중
하나는 각 국가 구성원 간의 상대적 우수성이다. 국가 구성원의
상대적 우수성은 각 국가의 교육 제도와 교육 방법의 상대적 우
수성에 의하여 결정된다.

개인 창조력, 창의력의 근원은 교육(문화 등이 인간 정신에 미치는 영
향은 배제하고 교육만으로 사유한다)에서 축적된 지식, 기술이다. 새로운
지식, 기술 발전의 원동력은 개인의 창조력, 창의력이다. 그러므
로 교육과정 속에서 개인에게 축적된 지식, 기술이 새로운 지식,
기술 발전의 근원이다.

국가 구성원이 축적한 지식, 기술에 따라 국가 구성원의 창조
력, 창의력이 결정되고 그것에 의하여 국가 간 경제 전쟁의 승자

와 패자가 결정된다. 이것은 국가 간 교육 제도와 교육 방법의 우열에 따라 국가 간 경제 전쟁의 승자와 패자가 결정된다는 것을 의미한다.

국가 구성원 개개인이 축적하고 있는 지식, 기술의 양과 질을 결정하는 것은 교육이다. 그리고 교육이 국가의 경제 경쟁력을 결정한다면 교육과 경제는 일체화되어 있는 것이다. '교육이 경제이고, 경제가 교육이다.'

한국 기업이 세계 시장에서 경쟁력을 유지하려면 한국 경제 구성원이 다른 국가의 경제 구성원보다 뛰어나야 한다. 한국 경제 구성원을 만드는 것은 교육이다(문화 등은 배제하고 사유한다). 다른 국가보다 많은 부분에서 한국의 교육 제도나 교육 방법이 우수해야만 다른 국가보다 우수한 경제 구성원을 배출할 수 있다. 한국의 교육 제도와 교육 방법이 다른 국가보다 객관적, 일반적으로 뒤처지면 한국 경제 구성원의 경쟁력이 다른 국가 경제 구성원과 비교해 뒤처질 수밖에 없다. 이것은 한국 경제가 다른 국가보다 뒤처질 수밖에 없다는 것을 의미한다.

반대로 한국의 교육 제도와 교육 방법이 다른 국가보다 객관적, 일반적으로 우월하면 한국 경제 구성원이 다른 국가의 경제 구성원보다 뛰어날 수밖에 없으므로 한국 경제는 다른 국가의 경제보다 앞서 나갈 수밖에 없다. 그러므로 한국 교육과 한국 경제는 일체화되어야 한다. '한국 교육이 한국 경제이고, 한국 경제가 한국 교육이다.'

한국의 교육과 경제를 일체화시키는 것에는 교육에 대한 많은 투자가 필요하다. 이러한 많은 투자에는 한국인의 합의가 필요하다. 한국인의 합의에 의하여 교육에 대해 많은 투자를 할 때, 투자금의 사용처를 지정해 줄 지침서 역할을 할 이념이 있어야 하며, 교육 제도나 교육 방법에 대한 지침서 역할을 할 이념도 있어야 한다. 그것은 창조 의지를 법률화, 제도화, 일반화, 도덕화하는 과정 속에서 자연스럽게 나타나게 될 한국인의 합의가 그 지침서 역할을 할 수 있을 것이다. 또한, 교육과 경제의 일체화 과정에서 나타나는 한국 내부의 저항을 극복하는 데 창조 의지의 이념이 도움을 줄 것이다.

현재 한국의 교육 제도와 교육 방법은 미국 등 선진국에 미치지 못한다. 이것은 한국인이라면 누구나 인정한다. 현재 한국 경제는 정체되고 말라가고 있다. 현재 한국 경제의 정체된 모습이 우연일까? 내 생각은 이러하다.

현재 한국 교육이 미국 등 선진국의 교육에 미치지 못하므로 한국 경제가 미국 등 선진국 경제에 미치지 못한다. 스스로 개혁, 혁신하지 못하고 정체된 한국 교육은 한국 경제의 발목을 잡아 한국 경제가 앞으로 나아가지 못하게 하고 있다. 그러므로 우연이 아니고 필연이다.

그렇다면 그것이 교육자, 정치인만의 잘못일까? 한국 교육의 현실을 잘 알면서 한국 교육을 개혁, 혁신하지 못하는 한국인 모두의 책임 또한 크다 할 것이다. 그러므로 한국인은 지금 즉시 교육의 변화, 개혁, 혁신을 시작하여야 한다.

한국 교육과 연결시켜 한국 경제의 미래를 생각해 본다. 한국 교육이 한국 경제이고, 한국 경제가 한국 교육이라면 한국이 미국 등 선진국보다 특정 부분에서 우월한 교육 제도와 교육 방법을 구축하는 그 시점이 미국 등 선진국의 경제를 따라잡고 선진국보다 앞으로 나갈 수 있는 가능성이 생기게 되는 시점이다.

현대의 인간은 자유 의지, 평등 의지라는 동일한
교육 내용을 개개인이 학습한다. 그것은
자유 의지, 평등 의지에 기초한 비슷한 생각,
가치관, 인생관, 세계관을 갖게 만든다

　　태어나면서부터 인간 정신에는 동물과는 다른 인간에게만 주
어지는 원천적으로 내재된 정신이 존재한다. 그 정신은 개인이
존재하는 한 그 개인의 정신 속에 존재한다. 그리고 그 정신은 교
육, 문화를 통하여 지식을 흡수하고 가치관, 인생관, 세계관 등으
로 표출된다.

　　인류 문명의 발달 과정 속에서 인간이 발견, 발명한 지식, 기술
은 인류 문명에 끊임없이 축적된다. 인류 문명 속에서 교육 제도
와 교육 방법은 점진적으로 진보해 왔다. 그러므로 과거의 개인
에 비하여 현재의 개인이 더 많은 지식, 기술을 습득하게 된다.
인간에 대한 교육은 발견, 발명을 통한 끊임없는 지식, 기술의 축
적과 교육 제도, 교육 방법의 점진적 보완을 통하여 진보한다.

　　현대에는 특정 지역을 제외한 대다수 지역에서 인간 존엄성의
근원이 시작되는 자유 의지, 평등 의지에 대한 교육을 시행하고
있다. 이것은 인간이 자유 의지, 평등 의지에 대한 동일한 교육
내용을 특정 지역을 제외한 대다수 지역에서 학습받는다는 것

PART 5

인간 정신의
동일성 강화에 대하여

을 의미한다. 그것으로 인하여 특정 지역을 제외한 대다수 지역의 인간은 자유 의지, 평등 의지에 대한 교육을 통하여 축적하게 되는 지식에 기초하여 비슷한 생각, 가치관, 인생관, 세계관을 갖는다.

인간이 인간 존엄성의 근원이 시작되는 자유 의지, 평등 의지에 대한 교육을 받고, 그것에 의하여 축적하게 되는 지식에 기초하여 비슷한 생각, 가치관, 인생관, 세계관을 갖게 되면, 인간은 특정 지역의 특성에 의하여 생기는 비이성적 문화, 전통 등을 벗어날 수 있는 힘을 갖게 된다. 이 힘은 특정 지역의 특성에 의하여 생기는 일부 비이성적 문화, 전통 등을 타파하는 쪽으로 작용한다.

비이성적 문화, 전통 등이 지배하는 특정 지역의 구성원에게 인간 존엄성의 근원이 시작되는 자유 의지, 평등 의지에 대한 교육을 시행하면 그 구성원은 교육을 통하여 축적하게 되는 지식에 기초하여 합리적인 생각, 가치관, 인생관, 세계관을 갖게 된다. 그것은 특정 지역의 비이성적 문화, 전통 등을 인간의 상식과 이성이 지배하는 문화, 전통 등으로 변화시킨다.

정신적인 면에서 평등 의지의
점진적 실현은 가능한가?

정신적인 면에서 평등 의지의 점진적 실현은 가능하다.

근대시대 이후 서유럽과 미국에서 교육 제도, 교육 방법, 교육 내용의 점진적 변화를 통하여 구성원에게 인간 정신을 구성하는 요소 중 하나인 평등 의지에 대한 교육을 했다. 그 결과 서유럽과 미국에서 구성원 개개인의 정신을 구성하는 요소 중 평등 의지에 대한 개개인의 생각이 점진적으로 많은 부분 동질화되었다.

현대는 일반적인 의무교육을 통해 누구나 받는 동일한 교육 제도, 교육 방법, 교육 내용에 의하여 개개인의 정신을 구성하는 요소 중 평등 의지의 많은 부분이 동질화되었다.

창조 의지의 이념을 현실화하는 과정 속에서 교육 제도, 교육 방법, 교육 내용의 혁신, 개혁을 이룩할 수 있다. 그것은 교육의 점진적 진보를 의미한다. 그것은 평등 의지에 대한 교육이 강화된다는 것을 의미한다. 평등 의지에 대한 강화된 교육 내용을 인간에게 학습시키면 인간의 정신을 구성하는 요소 중 하나인 평등 의지가 더욱더 많은 부분에서 동질화될 것이다.

인간은 자신이 알고 있는 지식 내에서 생각하고 판단한다. 인간은 자신이 알지 못하는 것은 생각, 판단할 수 없다.

개인은 교육을 통하여 인간이 이상적으로 추구하는 이념에 대한 지식을 학습하고 그것을 자신이 알고 있는 지식으로 축적해야 한다. 그렇게 함으로써 개인은 인간이 이상적으로 추구하는 이념을 개인의 가치관, 인생관, 세계관 등에 반영할 수 있다. 그것은 개개인의 정신이 가치관, 인생관, 세계관 등에서 많은 부분 동질화될 수 있다는 것을 의미한다.

인간은 태어나는 순간부터 정신적인 면에서 동일한 부분이 대단히 많다. 그리고 인간은 교육을 통하여 정신적인 면에서 동일한 부분이 증가하고 강화된다. 인간은 교육 내용이 포괄적, 일반적, 개방적일수록 인간의 가치관, 국가관, 세계관은 일반적, 보편적, 합리적으로 형성된다.

인간은 교육을 통하여 인간 정신을 구성하는 요소 중 하나인 평등 의지를 정신적인 면에서 점진적으로 실현할 수 있다.

교육을 통한 인간 정신의 동일성 강화는 국가 구성원 간의 점진적인 물질적 평등을 가능하게 한다(기술 혁신에 의한 물질적 평등은 배제하고 사유한다)

인간이 생명을 유지하기 위해서는 의, 식, 주가 필요하다. 이것을 자원이라고 하자. 인간의 물질적 평등은 의, 식, 주를 이루고 있는 자원의 평등한 분배다.

인간은 선과 악이 혼합된 존재이다. 인간 정신을 구성하는 요소는 선한 요소와 악한 요소가 혼합되어 있다. 그러므로 인간 정신을 구성하는 악한 요소는 억제될 뿐 제거할 수 없다. 인간과 인간의 관계에서 나타나는 불평등은 인간 정신을 구성하는 요소 중 악한 요소의 표출이다. 이것은 인간의 본질이며 인간의 운명이다. 인간은 이것을 거부할 수 없다. 그러므로 인간과 인간의 관계는 불평등이 일반적이다.

인류 문명의 발생 이후 인간과 인간의 관계에서 불평등이 일반적이지 않은 적이 없었다.
원시 공산주의 → 고대 노예제 → 중세 봉건제 → 자본주의 → 사회주의 → 미래 공산주의로 인류 역사가 진보한다는 유물사관의 오류는 인간 정신을 구성하는 요소 중 악한 요소에 대한 이해 부족에서 나왔을 것으로 생각된다. 유물론이 갖고 있는 한계, 즉 종교에 대한 부정이 신과 인간에 대한 많은 생각을 가로막았을 것이다.

　신과 자연을 배제한다면 인간이 인류 문명의 시작이자 끝이다. 인간에 대한 진정한 이해는 모든 것의 시작이다. 유물론은 인간에 대한 이해가 부족한 이론이다. 원시 공산주의 사회가 평등했다는 이론은 인간 정신을 구성하는 요소 중 악한 요소에 많은 부분 지배당할 수밖에 없는 인간을 바라보면서 부정한다.

　그럼에도 불구하고 인류 역사 속에서 인간은 끊임없이 불평등을 감소시키기 위하여 투쟁하였다. 그것을 가능하게 하는 원천은 인간 정신을 구성하는 요소 중 선한 요소 때문이다.

　인간 정신을 구성하는 요소 중 선한 요소를 맹자는 측은지심(인), 수오지심(의), 사양지심(예), 시비지심(지)으로 표현하였다.

　인간과 인간의 관계에서 인간 정신을 구성하는 요소 중 악한 요소가 불평등을 만들고 인간 정신을 구성하는 요소 중 선한 요소가 불평등을 억제하는 역할을 한다. 그리고 인간 정신을 구성하는 요소 중 선한 요소의 일부가 법률화, 제도화, 일반화, 도덕화되는 과정 속에서 불평등 중 많은 부분은 제거된다. 인류 문명은 이러한 방법으로 진보하였고 인간과 인간의 관계에서 나타나는 불평등의 많은 부분은 이러한 방법으로 제거된다.

　인간 정신을 구성하는 선한 요소 중 하나인 자유 의지, 평등 의지를 법률화, 제도화, 일반화, 도덕화하는 과정 속에서 표출되는 인류 문명 진보의 시대에 인간과 인간의 관계에서 나타나는 불평등 중 많은 부분이 제거되었다는 것은 그것에 대한 명백한 증거다.

　인류 역사에서 현재처럼 의, 식, 주에 대해 양적인 면에서 물질적 평등이 이루어진 시대는 없었다. 물론 현재 모든 국가에서 나타나는 자본주의의 폐해인 부의 불평등은 인정한다. 그럼에도 그것을 내가 적은 이유는 의, 식, 주에 대한 양적인 물질적 평등에 주목하고 있기 때문이다.

　한국을 예로 들어보자. 한국인 중 중산층 한 명과 재벌 총수한 명을 선택하고 두 명이 소유하고 있는 옷과 집 그리고 먹는음식을 비교해 보자. 두 명의 옷, 음식, 집은 질적인 면에서 비교할 수 없을 정도로 차이가 난다. 재벌 총수 한 명은 매우 좋은옷, 집을 소유하고 매우 좋은 음식을 먹는다. 중산층 한 명은 옷,집을 소유하고 음식을 먹는다.
　두 명의 차이는 명백하다. '매우 좋은'이라는 단어가 재벌 총수한 명의 의, 식, 주 앞에는 붙어 있고, 중산층 한 명의 의, 식, 주앞에는 붙어 있지 않다. 두 명의 공통점은 명백하다. 옷, 집을 소유하고 음식을 소비한다는 것이다.

　지역마다 차이는 있지만, 이것이 인류 역사 속에서 실질적으로이루어진 것은 20세기 이후부터 현재까지 약 120년 전의 일이다. 산업혁명 이후 의, 식, 주에 대한 국가 구성원 간의 양적인 물질적 평등은 점진적으로 실현되었다. 왕조 시대와 민주주의 시대를 비교해보면 의, 식, 주에 대한 국가 구성원 간의 양적인 물질적 평등이 많이 이루어졌다는 것을 알 수 있다.

국가 구성원 간의 물질적인 평등이 점진적으로 실현되는 이유는 무엇인가? 그 이유는 교육을 통한 인간 정신의 동일성 강화다. 인간은 교육을 받는다. 인간은 교육 내용을 학습한다. 인간은 학습한 지식을 통해 이성이 형성되고 그것을 통해 판단하고 행동한다. 인간은 교육을 통해 '인간은 평등한 존재'라고 교육받는다. 이러한 교육은 개인의 가치관, 인생관, 세계관에 영향을 주고 개인은 그것을 현실에서 실현하려고 한다. 이것이 그 이유다.

왕조 시대에는 노예제도와 노예의 삶을 그 당시 사람들은 당연히 여겼다. 그 이유는 그렇게 교육받았기 때문이다. 민주주의 시대에는 노예제도가 없어졌다. 그 이유는 노예제도가 없어지는 것이 당연하다고 사람들이 교육받기 때문이다.

노예도 국가 구성원이다. 노예제도가 사라진다는 것은 국가 구성원 간의 물질적인 평등이 점진적으로 실현된다는 명백한 증거다. 이것은 교육을 통하여 인간 정신 중 선한 요소의 동일성 강화는 국가 구성원 간의 점진적인 물질적 평등을 가능하게 한다는 명백한 증거다.

교육은 점진적으로 진보한다. 교육의 진보는 교육 내용의 진보를 의미한다. 교육 내용은 인간의 존엄성에 기초한 자유 의지, 평등 의지를 강화하는 형태로 나타난다. 이것은 인간 정신을 구성하는 요소 중 선한 요소인 자유 의지, 평등 의지가 인간 정신을 구성하는 요소 중에서 차지하는 양과 질이 많아지는 것을 의미한다. 그것은 개인이 판단과 행동할 때 자유 의지, 평등 의지의 영향력이 강해진다는 것을 의미한다.

'인간은 평등하다'라고 인간이 교육을 받으면 인간 정신은 그것을 받아들인다. 이것은 '인간은 평등하다'라는 것에 대하여 인간 정신의 동일성이 강화된다는 것을 의미한다.

교육을 통한 인간 정신 동일성의 강화는 국가 구성원 간의 점진적인 물질적 평등을 가능하게 한다.

한국의 교육 제도, 교육 방법을 현재 상태로
유지하는 한 한국의 미래는 없다. 그러므로
한국인은 교육 제도, 교육 방법의 변화, 개혁,
혁신을 선택해야만 한다. 그것에 창조 의지
이념이 도움을 줄 것이다

인간은 교육, 책, 인터넷 등을 통하여 지식, 기술을 학습하고
기억한다. 그러나 영원히 기억하는 것은 아니고 기억은 서서히
망각된다. 망각은 많은 시간 동안 어렵게 축적한 지식, 기술을 인
간의 기억 속에서 지우개로 지우는 것이다. 망각은 인간의 운명
이기에 거부할 수 없다. 인간의 운명이기에 교육, 책, 컴퓨터 등
을 통해 인간이 축적한 지식, 기술도 당연히 망각된다.

한국은 한국인에게 국어, 영어, 수학을 위주로 한 암기식 교육
을 수십 년 동안 시행하고 있다. 한국의 학생은 많은 시간을 국
어, 영어, 수학의 지식을 축적하는 데 사용한다. 그러나 한국인
은 한국의 암기식 교육을 통하여 기억으로 축적한 국어, 영어,
수학의 지식을 사회에서 활용하지 못하고 있다.

한국인이 사회에서 선택하는 직업 속에서 국어, 영어, 수학의
지식을 활용하는 경우는 거의 없다. 특정 직업에 속한 소수의 한
국인만 그 지식을 사용한다. 대다수의 한국인은 그것을 재사용
할 기회가 주어지지 않는다. 그리고 한국의 암기식 교육으로 한
국인에게 기억으로 축적된 국어, 영어, 수학의 지식은 빠르게 망

PART 4

한국 교육제도와
교육 방법의
변화, 개혁, 혁신 방법에 대하여

의에서 보듯이 인간 정신을 구성하는 요소인 창조 의지는 전에 없던 것을 처음으로 만들고자 하는, 진보를 이루고자 하는 인간 정신을 구성하는 요소이다.

인간 정신의 내면에 잠재되어 있는 창조 의지를 밖으로 밀어내는 것은 인간의 '선'과 '욕망'이다. 창조 의지는 선, 욕망과 융합하여 창조력, 창의력으로 나아가고, 창조력, 창의력은 지식재산권과 물체로 현실화, 형상화된다.

선, 욕망은 인간 정신을 구성하는 요소 중 하나인 창조 의지와 융합하여 창조 의지를 창조력, 창의력으로 나아가게 한다. 선, 욕망은 창조력, 창의력이 지식재산권과 물체로 현실화, 형상화되는 과정 속에서 개인에게 강한 원동력을 제공한다.

개인이 어떤 분야에서 창조 의지를 선, 욕망과 융합하고 그것이 그 개인의 창조력, 창의력으로 나아가게 되면, 그 개인은 그의 삶을 그 분야에 투자할 강한 동기를 갖게 된다. 그리고 그 분야에서 개인에게 부여된 강한 동기는 지식재산권과 물체로 현실화, 형상화되어 나타난다.

개개인이 지식재산권과 물체로 현실화, 형상화시킨 것은 각 분야를 진보시키고 각 분야의 진보가 모이고 쌓이면 문명은 진보한다.

개인의 정신을 구성하는 요소 중 하나인 창조 의지가 지식재산권과 물체로 현실화, 형상화되는 과정은 다음과 같다. 개인이 교육을 받는 과정에서 의문을 품는다. 그리고 그 의문에 대하여 연구하고 노력하여 지식, 기술을 축적하다 보면 어느 순간 창조 의지가 선, 욕망과 융합하여 창조력, 창의력으로 나아간다. 그렇게 형성된 개인의 창조력, 창의력은 지식재산권과 물체로 현실화, 형상화되어 나타난다.

　창조 의지가 선, 욕망과 융합하여 창조력, 창의력으로 나아가고 창조력, 창의력이 지식재산권과 물체로 현실화, 형상화하기 위해서는 교육을 통한 상당한 양과 질의 지식, 기술 축적이 필요하다. 이것이 이루어지지 않으면 의문이 생겨도 창조 의지가 선, 욕망과 융합하여 창조력, 창의력으로 나아가는 것은 불가능하다. 개인이 창조 의지를 지식재산권과 물체로 현실화, 형상화하는 것에는 많은 지식, 기술의 축적이 되어 있는 경우에만 가능하다.

　어떤 분야에 그 분야에 속하는 모든 지식, 기술의 합체인 가상의 물잔이 있다고 가정하고, 그 분야에 속하는 지식, 기술이라는 가상의 물이 있다고 가정을 하자. 창조 의지가 선, 욕망과 융합하여 창조력, 창의력으로 나아가고, 창조력, 창의력이 지식재산권과 물체로 현실화, 형상화하는 것은 물잔에 물을 계속 부어 물잔이 가득 차야 물이 넘치듯이 어떤 분야에 속하는 모든 지식, 기술의 합체인 가상의 물잔에 그 분야에 속하는 지식, 기술이라는 가상의 물을 계속 부어 넣어 가상의 물잔이 넘칠 때 가능하다. 그러므로 창조 의지를 지식재산권과 물체로 현실화, 형상화 시키는 과정에는 양과 질적으로 많은 지식, 기술의 축적이 필요하다. 그리고 그것에는 많은 시간이 필요하다.

창조 의지가 지식재산권과 물체로 현실화, 형상화되는 과정에 필요한 양과 질적으로 많은 지식, 기술을 축적하기 위해서는 한국 교육 제도의 변화와 개혁이 필요하다.

그것의 핵심은 이러하다. 개인 나이 12세 정도의 빠른 시기에 전공을 선택하게 하여 분업화와 전문화를 통한 특정 분야에 속하는 지식, 기술의 축적 시간을 많이 갖게 하는 것이다.

특정 분야에서 많은 시간을 갖고 그 분야에 속하는 지식, 기술의 축적이 개인에게 이루어져야만 그 개인의 창조 의지가 창조력, 창의력으로 나아가고 창조력, 창의력이 지식재산권과 물체로 현실화, 형상화될 수 있다.

인류 역사는 인간 정신을 구성하는 요소가
투과된 형태이다. 창조 의지는 인간 정신을
구성하는 요소이므로 인류 역사는 창조 의지를
반드시 받아들여야 한다

인류 역사를 멀리서 바라본다. 수천억의 인간이 인류 역사 속에서 먼지와 같이 시간에 날리며 살았던 모습이 보이는 듯하다. 인류 역사 속에는 수천억의 인간이 살았으니 그 모습은 참으로 다양할 것이다.

인간 개개인을 살펴보고 생각하는 것으로 인간을 이해한다는 것은 어려운 일이다. 인간을 이해하고 알려면 수천억의 인간이 살았던 인류 역사 속으로 들어가야 한다. 인류 역사는 인간 개개인 모두가 투과된 형태이기에 수천억의 인간이 살다가 사라진 인류 역사를 살펴보고 생각하면 인간을 이해하고 알 수 있다.

인간은 선과 악이 혼합되어 있다. 그러므로 인류 역사는 선과 악이 혼합되어 있다. 인류 역사 속에서 평화, 번영의 시기는 인간의 선한 요소가 반영된 것이다. 인류 역사 속에서 전쟁의 시기는 인간의 악한 요소가 반영된 것이다.

인류 역사는 수천억의 인간이 만들었다. 그러므로 인류 역사는 지금까지 존재했던 모든 인간이 투과된 형태이다. 햇빛이 프리즘을 통과하면 일곱 가지 색깔이 나타나듯이 인류 역사는 모든 인간이 투과되어 나타난 형태다. 모든 인간이 투과된 인류 역사는 인간의 정신 요소를 그대로 반영한다.

인류 역사 속에서 인간의 육체는 시간이 지나면 모두 사라진다. 결국, 인류 역사 속에 남아 있는 것은 인간 정신뿐이다. 이것은 인간 정신을 구성하는 요소가 그대로 인류 역사 속에 남아 있다는 것을 의미한다. 그러므로 인류 역사는 인간 정신을 구성하는 요소가 투과된 형태이다.

인간 정신을 구성하는 요소 중 선한 요소가 인류 역사를 투과하면 인류 역사는 선해진다. 인류 역사 속에서 평화, 번영의 시기가 그것을 증명한다. 인간 정신을 구성하는 요소 중 악한 요소가 인류 역사를 투과하면 인류 역사는 악해진다. 인류 역사 속에서 전쟁의 시기가 그것을 증명한다.

인간 정신을 구성하는 요소인 자유 의지가 인류 역사를 투과하면 인류 역사는 자유 의지를 받아들인다. 미국의 역사가 그것을 증명한다.

인간 정신을 구성하는 요소인 평등 의지가 인류 역사를 투과하면 인류 역사는 평등 의지를 받아들인다. 과거 공산주의 국가들이 그것을 증명한다.

창조 의지는 인간 정신을 구성하는 요소 중 하나다. 그러므로 인간 정신을 구성하는 요소인 창조 의지가 인류 역사를 투과하면 인류 역사는 창조 의지를 반드시 받아들여야 한다. 인간은 이것을 거부할 수 없다. 이것은 인간의 운명이다.

자유 의지, 평등 의지를 법률화, 제도화, 일반화, 도덕화하는 과정 속에서 인류 문명이 진보했던 것처럼, 창조 의지를 법률화, 제도화, 일반화, 도덕화하는 과정 속에서 인류 문명은 진보할 것이다. 그리고 과거에도 그러했듯이 진보의 혜택은 모든 인간이 누리게 될 것이다

영국의 민주정치 발달 과정 속에서 시민은 교육받을 수 있는 기회가 점진적으로 증가 되었다. 교육받을 수 있는 기회의 증가는 시민의 자유 의지, 평등 의지를 점진적으로 강화시키는 역할을 하였다.

경제적 자유, 민주적인 사회제도, 정치 참여의 확대를 요구한 시민계급이 왕과 귀족에 대한 투쟁에서 승리하자 그 결과로 자유 의지, 평등 의지가 일부 제도화, 법률화되었다. 영국의 시민에게 그것은 교육을 받을 수 있는 기회가 그 전보다 늘어난다는 것을 의미했다. 확대된 교육 제도는 조금 더 다수의 시민에게 지식, 기술을 축적할 수 있는 기회를 주었다. 지식, 기술을 축적한 시민 중 일부는 지식, 기술을 진보시켰고, 지식, 기술의 진보는 영국의 산업혁명이 이루어지는 데 근본적 힘을 제공하였다.

영국의 산업혁명은 영국 시민이 자유 의지, 평등 의지를 법률화, 제도화, 일반화, 도덕화하는 과정 속에서 발생한 것이다. 이것

은 내 사유를 적은 것이다. 일반적으로 산업혁명을 말할 때 이렇게 설명하지는 않는다. 그러나 인류 문명에서 인간이 모든 것의 시작이자 끝이라고 생각하는 나는 그것을 인정할 수 없다. 신과 자연을 배제하면 인류 문명에서 인간은 모든 것의 시작이자 끝이다. 그리고 그것은 내 사유에서는 진리다. 그러므로 인류 문명 중 일부인 산업혁명도 그 진리에 종속되어야 한다. 즉 영국인이 변하였기에 변화된 영국인에 의하여 산업혁명이 발생한 것이다.

영국인이 변하지 않았다면 산업혁명은 영국에서 일어나지 않았을 것이다. 영국에서 영국인을 변화시킨 것은 자유 의지, 평등 의지를 법률화, 제도화, 일반화, 도덕화하는 과정 속에서 발생한 교육과 문화의 변화다. 교육과 문화의 변화가 영국인을 변화시켰고, 영국인의 변화는 영국에서 산업혁명이 발생한 이유라고 나는 사유한다.

창조 의지는 인간 정신을 구성하는 요소 중 하나다(앞 장 창조 의지 정의 참고). 인간 정신을 구성하는 요소 중 하나인 창조 의지를 법률화, 제도화, 일반화, 도덕화하는 과정 속에서 인류 문명은 진보할 것이다.

그 과정은 아래와 같이 진행될 것이다. 창조 의지를 법률화, 제도화, 일반화, 도덕화하는 과정 속에서 법과 제도는 변화, 발전될 것이다. 변화, 발전된 법과 제도는 교육 제도와 교육 방법 그리고 문화를 변화, 발전시킬 것이다. 변화, 발전된 교육 제도와 교육 방법 그리고 문화는 개인의 지식, 기술 축적을 강화, 확대시킬 것이다. 강화, 확대된 개인의 지식, 기술 축적은 지식, 기술을 진보시킬 것이고 그것이 모여서 인류 문명은 진보할 것이다.

인간은 인간 정신을 구성하는 요소인 자유 의지, 평등 의지를 법률화, 제도화, 일반화, 도덕화하는 과정 속에서 왕조 시대를 타파하고 민주주의 시대를 열었다. 그리고 지식, 기술의 엄청난 진보를 이룩했다. 인간 정신을 구성하는 요소인 창조 의지를 법률화, 제도화, 일반화, 도덕화하는 과정 속에서 지식, 기술은 진보를 이룩할 것이고 인간은 새로운 역사를 쓰게 될 것이다.

인간 정신을 구성하는 요소인 자유 의지, 평등 의지를 법률화, 제도화, 일반화, 도덕화하여 인류 문명이 진보되면 그것은 인류 문명을 구성하는 인간 중 일부의 발전과 혜택을 의미하는 것이 아니다. 그것은 인류 문명을 구성하는 인간 전체의 발전과 혜택을 의미한다.

인간 정신을 구성하는 요소 중 하나인 창조 의지를 법률화, 제도화, 일반화, 도덕화하여 인류 문명이 진보되면 그것은 인류 문명을 구성하는 인간 중 일부의 발전과 혜택을 의미하는 것이 아니다. 그것은 인류 문명을 구성하는 인간 전체의 발전과 혜택을 의미한다. 그러므로 인간은 반드시 창조 의지를 법률화, 제도화, 일반화, 도덕화시켜야 한다.

인간은 자유 의지, 평등 의지를 법률화, 제도화, 일반화, 도덕화하는 과정 속에서 왕, 귀족(성직자), 평민, 노예를 사회 구조로 하는 왕조를 타파하고 민주주의라는 새로운 시대를 열었다. 자유 의지, 평등 의지, 창조 의지의 이념을 받아들이고 그것을 법률화, 제도화, 일반화, 도덕화시키는 문명만이 인류 문명의 미래를 이끌어 나갈 수 있다

인류 역사를 살펴보면 같은 시대에 존재하는 여러 문명 중에는 다른 문명과 비교하여 뛰어난 문명이 반드시 존재하며 그 문명이 다른 문명을 이끌어 나갔다. 그리고 그 문명에는 문명을 이끌어 나가는 이념이 있고, 그 문명의 이념이 인류 문명을 이끌어 나가는 이념이다.

인류 역사를 자세히 살펴보면 그 이념은 자유 의지, 평등 의지이다. 자유 의지와 평등 의지는 과거, 현재는 물론 미래에도 인류 역사를 이끌어 나가는 이념이다.

인간이 자유 의지, 평등 의지를 법률화, 제도화, 일반화, 도덕화시키는 과정을 시도하고 그것을 현실화시키기 전에 인류 역사에 등장하는 국가들의 사회 구조는 왕, 귀족(성직자), 평민, 노예로 이루어져 있었다.

역사를 살펴보면 왕, 귀족(성직자), 평민, 노예를 사회 구조로 하

는 수많은 왕조가 있었다. 그리고 시대가 흐르면서 수많은 왕조가 바뀌었다. 그러나 수많은 새로운 왕조가 생겨도 왕, 귀족(성직자), 평민, 노예를 사회 구조로 하는 것에는 조금의 변화도 없었다. 인류 역사 속에서 국가가 등장한 이후 19세기까지 그 상태는 계속되었다.

그것에 근본적 변화를 준 것은 인간이 자유 의지, 평등 의지를 법률화, 제도화, 일반화, 도덕화시키는 과정 속에서 발생했다. 인간은 자유 의지, 평등 의지를 법률화, 제도화, 일반화, 도덕화시키는 과정 속에서 왕조를 타파하고 민주주의라는 새로운 시대를 열었다.

인류 역사는 고대, 중세, 근대, 현대 시대로 분류하는 것이 일반적이다. 그러나 왕, 귀족(성직자), 평민, 노예를 사회 구조로 하는 19세기까지의 왕조 시대와 민주주의 시대로 인류 역사를 나누어 볼 수도 있을 것이다.

자유 의지, 평등 의지의 이념은 현재 인류 문명의 주류를 형성하고 있는 핵심적 이념이며 자유 의지, 평등 의지, 창조 의지는 인류 문명의 미래를 이끌어 나가는 핵심 이념이 될 것이다.

인류 문명의 미래를 이끌어 나가게 될 핵심 이념인 자유 의지, 평등 의지, 창조 의지의 축적된 지식은 인간이 교육과 문화를 통하여 학습받아야 한다. 그리고 그것을 통하여 인간은 생각, 가치관, 인생관, 세계관에 자유 의지, 평등 의지, 창조 의지를 반영시켜야 한다.

자유 의지, 평등 의지, 창조 의지가 전통, 문화 등으로 인하여 구성원의 생각, 가치관, 인생관, 세계관에 반영되지 못하는 문명은 미래를 이끌어 나갈 수 없다.

비주류 문명에서 나타나는 비상식적, 비이성적 현상들은 주류 문명의 핵심 이념을 형성하는 자유 의지, 평등 의지를 비주류 문명의 구성원이 제대로 교육받지 못하여 자유 의지, 평등 의지를 생각, 가치관, 인생관, 세계관에 반영하지 못해서 생기는 특정 지역의 현상이다.

비주류 문명을 주류 문명으로 변화시키려면 주류 문명의 핵심 이념인 자유 의지, 평등 의지를 비주류 문명의 구성원에게 교육해야 한다. 그리고 그것에 대한 교육을 통해서 자유 의지, 평등 의지를 비주류 문명 구성원의 생각, 가치관, 인생관, 세계관에 반영시켜야 한다. 이것은 비주류 문명의 비상식적, 비이성적인 전통, 문화 등을 타파하는 원동력이 될 것이다. 이것은 비주류 문명을 주류 문명으로 점진적으로 변화시킬 것이다.

교육을 통하여 국가 구성원에게 자유 의지,
평등 의지, 창조 의지를 합리적, 이성적으로
융합시킨 국가만이 인류 문명의 미래를
이끌어 나갈 수 있다

인류 문명을 이끌어 온 주류 이념은 자유 의지, 평등 의지이다.
인류 문명의 미래를 이끌어 나갈 수 있는 이념은 자유 의지, 평
등 의지, 창조 의지이다.

국가는 국가 구성원에게 자유 의지, 평등 의지, 창조 의지의 이
념을 교육하고, 국가 구성원의 생각, 가치관, 국가관, 세계관에
자유 의지, 평등 의지, 창조 의지가 합리적, 이성적으로 융합되도
록 노력해야 한다.

국가 구성원의 생각, 가치관, 국가관, 세계관이 자유 의지의 이
념에 치우친 국가, 평등 의지의 이념에 치우친 국가는 인류 문명
의 미래를 이끌어 나갈 수 없다. 인류 문명을 이끌어 나갈 주류
이념인 자유 의지, 평등 의지, 창조 의지를 국가가 받아들이고 그
것을 국가 구성원에게 교육하는 국가만이 인류 문명의 미래를 이
끌어 나갈 수 있다.

인간 정신을 구성하는 요소인 자유 의지, 평등 의지, 창조 의지

를 법률화, 제도화, 일반화, 도덕화하는 과정을 국가 구성원이 겪고, 국가 구성원에게 자유 의지, 평등 의지, 창조 의지에 대한 교육을 국가가 교육 제도를 통하여 교육하고, 국가 구성원이 그것을 합리적, 이성적으로 융합할 수 있는 국가만이 인류 문명의 미래를 이끌어 나가는 국가가 될 수 있다.

이것은 개인에게도 적용된다. 인간 정신을 구성하는 요소인 자유 의지, 평등 의지, 창조 의지에 대한 교육을 받고, 그것을 합리적, 이성적으로 생각하여 가치관, 국가관, 세계관에 투영하는 개인만이 사회, 국가, 세계를 이끌어 나갈 수 있다.

창조 의지를 현실화하는 과정 속에서 현재 인간
의 정신 중 일부가 변화한다면 그 변화의 힘으로
자본주의 빈부의 차이 문제를 조금이나마 해결할
수 있을 것이다. 기업이 발행시장을 통해
상장되는 그 시점에 창출되는 엄청난 부 중
50%는 국가에 세금으로 납부하고, 그 돈은
빈부의 차이를 줄이는 데 사용해야 한다

인간은 선과 악이 혼합된 존재다. 인간의 악한 요소가 빈부의
차이를 만드는 원천이다. 인간의 악한 요소는 제거될 수 없다. 그
러므로 빈부의 차이는 제거될 수 없다. 이것은 거부할 수 없는
인간의 운명이다.

이것을 해결하는 현명한 방법으로 내가 사유한 것은 이러하
다. 제도, 법, 교육, 문화를 통하여 인간의 악한 요소를 억제하는
것만이 빈부의 차이를 줄일 수 있는 유일한 길이다.

인간 정신을 구성하는 선한 요소 중 하나가 잠재되어 있는 상
태에서 벗어나 그 요소가 법률화, 제도화, 일반화, 도덕화하는 과
정 속에서 사회에 표출되면 그 표출된 요소는 제도, 법, 교육, 문
화를 통하여 인간의 이성, 판단, 행동에 영향을 미친다.

창조 의지를 법률화, 제도화, 일반화, 도덕화하는 과정 속에서
인간의 선한 요소는 강화될 것이며, 이것에 의하여 인간의 악한
요소는 조금 더 억제될 수 있다.

공산주의와 자본주의 간의 체제 경쟁은 자본주의의 승리로 끝났으며 현재 인류 문명은 자본주의 시대이다. 자본주의의 가장 큰 문제는 빈부의 차이이다. 물론 왕조 시대 빈부의 차이와 비교하면 자본주의 빈부의 차이는 엄청난 진보를 이룩했다. 조선 시대 백성의 삶과 2016년 9월 13일 자 현재 한국인의 삶을 비교한다면 그 차이는 명백할 것이다. 그럼에도 빈부의 차이는 자본주의의 가장 큰 문제이며 현재 진행 중인 불평등의 근원이다.

인류 역사를 살펴보면 불평등은 전체적이고 일반적이었다. 그 것에 변화가 시작된 것은 신분제 사회가 타파된 20세기부터였다. 신분제 사회의 타파는 자본주의, 공산주의에 의하여 이루어졌다. 자본주의는 신분제 사회를 타파했으나 개인의 소유권은 유지되었다. 신분제 사회만이 타파된 것이다.

자본주의는 빈부의 차이를 전제로 한 제도다. 미래에도 자본주의를 대체할 수 있는 제도가 없다면 미래의 인간에게도 빈부의 차이는 필연이다.

인류 역사가 시작된 후 지금까지 빈부의 차이에 의한 불평등은 전체적, 일반적이었다. 공산주의가 원시 공산주의 사회를 말하면서 공산주의 사회가 도래한다고 주장하지만 원시 공산주의 사회라는 것은 존재할 수가 없다. 인간은 선과 악이 혼합된 존재이며 인간 개개인의 악한 면은 제거될 수 없다. 이것은 인간의 운명이다. 그러므로 원시 공산주의 사회는 존재할 수 없다.

현실적으로 빈부의 차이를 없애는 방법에는 무엇이 있을까?

1. 국민 모두 생존만을 유지한 채 살아가는 것이다. 즉 절대적 빈곤이다. 모두가 소유하지 않는 것이다.
2. 모두가 자원을 평등하게 분배하여 소유하는 것이다. 모두가 자원을 평등하게 분배하여 소유한다면 빈부의 차이는 사라질 것이다. 그러나 인간은 선과 악이 혼합된 존재이므로 이것은 불가능하다. 2016년 9월 13일 자 현재 북한의 상황이 이것을 명백하고 확실하게 증명한다.

1과 2는 인간이 추구할 미래가 아니다. 인류 역사를 살펴보면 20세기 이전에는 자원의 유한성이 인간 모두에게 적용되는 시대였다. 자원 배분의 불평등은 전체적, 일반적이었다.

2016년 9월 13일 자 현재 한국은 어떠한가? 자원의 배분은 전체적인 면에서 불평등하다. 그러나 부분적인 물체의 소유에서는 완전한 평등을 이루고 있다. 예를 들면 달걀의 소유는 한국에서 완전한 평등을 이루었다. 기술의 발달이 자원의 유한성을 극복하고 자원을 수요보다 많게 만든 것이다.

'특정 자원의 배분에서 기술의 발달로 특정 자원이 전체의 수요를 초과하는 경우 인간은 그 물체에 관한 한 물질적인 완전한 평등을 이룬다.' 한국에서 개인이 원하는 만큼 달걀이라는 자원의 배분을 받지 못하는 사람은 1명도 없다. 달걀에서는 완전한 평등을 달성한 것이다.

기술의 혁신으로 공급이 특정 물체에 대한 전체의 수요를 초과하는 그 순간 자원의 배분에서 불평등은 사라진다. 자본주의의 미래는 이것을 추구해야 한다. 그리고 자본주의 속에서 살았던 인간이 원했든 원하지 않았든 간에 전체적인 면에서 지금까지 자본주의 역사는 이것을 추구해 왔다. 2016년 9월 13일, 한국인은 여러 가지 물체에서 물질적 평등을 이룩했다.

문제가 되는 자원의 불평등한 배분 즉, 빈부의 차이는 두 가지다.

1. 개인이 축적한 부의 차이 문제
2. 상품의 질적인 문제

1과 2는 연관성을 갖는다. 즉, 개인이 축적한 부가 많은 경우 상품의 질적인 우월성이 증가하고 개인이 축적한 부가 적은 경우 상품의 질적인 면은 열등하다.

개인이 축적한 부의 차이 문제는 자본주의가 유지되는 한 없어지지 않는다. 그러나 전체적인 면에서 상품의 질적인 차이는 기술의 발달에 의하여 조금씩 없어지고 가격의 차이도 줄어든다. 그리고 결국에는 개개인의 상품에 대한 소유 만족도의 차이는 미세한 정도로만 남는다.

북한의 현실을 살펴보자. 북한은 공산주의를 이념으로 하는 국가다. 북한은 공산주의의 이념 중 일부를 실천하고 있다. 그러나 인간은 선과 악이 혼합된 존재라는 것에서 벗어나지 못하고 있다. 인간의 악한 요소가 북한 주민에 대한 자원 분배를 왜곡하고 있는 것이다. 분배할 수 있는 자원 중 많은 부분은 견제받지 않는 권력 등의 영향으로 자원의 배분이 권력자와 그 측근들에게 집중되는 현상을 보이고 있다.

북한 주민의 정신은 북한만의 왜곡된 공산주의 이념으로 지배하고, 북한 주민의 현실은 권력자와 체제 속에서 특혜를 받고 있다고 착각하는 세력에 의하여 유지되고 있다. 이것은 조선 왕조가 유교에 의하여 백성을 지배하고 특혜를 받고 있던 양반에 의하여 유지되는 것과 같다. 북한과 조선의 공통점은 백성이 다 같이 의, 식, 주가 해결이 안 된다는 것이다. 이것은 의, 식, 주의 양적인 면이 해결된 대한민국과의 명백한 차이다.

인류 역사의 진보라는 면에서 북한과 한국을 살펴보자. 한국은 자유 의지, 평등 의지를 받아들이고 제도화, 법률화, 도덕화, 일반화하는 과정 속에서 질적인 진보를 추구하는 단계에 있다. 북한은 천황의 지배를 받았던 일본의 식민지 시대의 연장선 상에 있다. 즉, 천황의 지배에서 김씨 왕조의 지배로 왕조가 자연스럽게 바뀌었을 뿐이다. 북한의 주민은 왕에 의한 지배를 타파할 수 있는 정신적 혁명기를 거치지 못했다. 왕조의 조정은 공산당으로 왕은 김씨 왕족으로 바뀌었을 뿐이다.

이런 현상은 자유 의지에 대한 북한 주민의 정신적 결핍이 원인이다. 자유 의지를 인간이 현실에서 행동으로 표출하지 못하면 자유 의지는 인간 정신의 내면에 잠재된다. 그렇게 되면 인간은 생존을 위해 지시에 복종할 수밖에 없다. 민주주의 시대 이전의 인간들처럼.

인간 정신을 구성하는 요소 중 하나인 창조 의지를 법률화, 제도화, 일반화, 도덕화하는 과정 속에서 교육이라는 제도를 통하여 현재 인간의 정신을 구성하고 있는 자유 의지, 평등 의지, 민족주의 등에 창조 의지를 첨가한다면 인간의 정신은 창조 의지로 인하여 변화될 것이다. 창조 의지로 인하여 인간 정신이 변화한다면 그 변화의 힘으로 제도, 법, 교육, 문화를 조금 더 선한 쪽으로 변화시키고, 그것으로 인하여 인간의 악한 요소가 조금 더 억제된다면, 자본주의 최대 문제인 빈부의 차이 문제를 조금이나마 해결할 수 있을 것이다.

창조 의지를 제도화, 법률화하는 과정 속에서 자본주의가 태생적으로 갖고 있는 빈부의 차이를 없애는 중요한 방법의 하나를 생각해 본다. 그것은 자본주의의 꽃이라는 주식시장을 통해서 빈부의 차이를 줄이는 것이다.

자본주의 하에서 부가 창출되는 통로 중 하나는 주식시장이다. 자본주의의 주체 중 하나인 기업이 부를 창출하는 방법으로 이용하는 것이 주식시장에 기업을 상장하는 것이다. 기업은 발행시장을 이용한 상장을 통해 엄청난 부를 창출한다. 이점에 주목하자. 기업이 발행시장을 통해 상장되고 부가 창출되는 그 시점에 창출되는 엄청난 부 중 50%는 국가에 세금으로 납부해야 한다. 그리고 그 세금으로 납부된 돈을 통해 국가가 빈부의 차이를 줄이는 정책을 시행해야 한다.

이것을 시행하는 데 도움이 될 것을 여러 가지 사유해 본다.

1. 기업의 탄생

돈을 벌기 위하여, 이윤을 창출하기 위하여 개인 또는 동업자가 운영에 필요한 자본 전액을 출자하고 경영을 책임지는 개인 기업으로 탄생한다.

2. 기업의 발전
이윤 창출이 증가하고 직원이 늘어나면서 기업의 규모가 증가한다.

3. 기업의 상장
자금 조달 등 여러 가지 혜택을 위해 기업 상장을 한다. 기업이 상장되면 주식의 발행을 통해 불특정한 다수의 개인으로부터 주식의 개수를 사는 만큼 자본을 투자받는데 이 시점에 엄청난 부가 창출된다.

기업이 상장되는 그 시점에 부의 분배에 대하여 사유한다. 창업자는 기업 상장을 통해 창출된 거대한 부 중 많은 부분을 가져간다. 그 이유는 처음 기업을 만들 때부터 자본을 투자하고 모든 손실을 그 사람이 부담했으며, 회사를 키우는 과정 속에서 나타나는 많은 어려움을 그 사람이 극복하고 많은 책임도 그 사람이 부담하기 때문이다.

이것에 대하여 생각해보자. 이것이 전부다. 그 사람이 회사에 할 수 있는 것은 여기까지다. 이것을 통해 그 사람이 기업 상장 후 창출된 거대한 부 중 어느 정도를 가져갈 것인가에 대하여 생각해야 한다.

이것에 대하여 내가 생각한 분명한 것이 있다. 그것은 기업 상장 후 창출된 부를 현재와 같이 회사를 창업한 사람이 가져가는 것은 합리적, 이성적인 것이 아니라는 것이다. 변화가 필요하다.

기업이 커져가면서 직원이 끼어들고 상품이 대량으로 생산되면서 소비자가 끼어든다. 기업이 거대해질수록 직원과 소비자의 양은 증가한다. 그리고 소비자는 확대를 거듭하면서 국민으로 대체된다.

여기서 이런 생각을 해보자. 거대 기업을 키운 사람은 누구이며 기업의 상장으로 그들은 어떤 혜택을 받는가?

거대 기업을 키운 사람은 창업자, 직원, 소비자(국민)다. 기업의 상장으로 창업자는 거대한 부를 소유한다. 직원은 기업의 상장으로 혜택을 보지 못한다. 그러나 기업이 성장하는 동안 기업으로부터 월급을 받는다. 소비자(국민)는 기업의 상장으로 혜택을 보지 못한다. 그러나 상품의 선택권과 만족이라는 혜택을 받는다.

여기서 기업의 성장과 이윤 창출에 대한 기여도를 생각해보자.

창업자

기업을 만들고 기업이 성장과 이윤 창출을 할 수 있게 경영했다. 기업이 상장되는 그 시점에 기업의 성장과 이윤 창출에 대한 창업자의 기여도는 얼마나 될까?

직원

작은 기업이 거대한 기업으로 성장하는 데 큰 역할을 하였다. 기업이 상장되는 그 시점에 기업의 성장과 이윤 창출에 대한 직원의 기여도는 얼마나 될까?

소비자, 즉 국민

돈을 지불하고 기업의 상품을 소비하여 작은 기업이 거대 기업으로 성장하는데 큰 기여를 하였다. 기업이 상장되는 그 시점에 기업의 성장과 이윤 창출에 대한 소비자(국민)의 기여도는 얼마나 될까?

이 의문에 대한 주관적인 답은 이러하다. 상장되는 기업에 대하여 창업자, 직원, 소비자(국민)가 기업의 성장과 이윤 창출에 얼마나 기여했는지는 정확하게 산출할 수 없다. 그러나 우리는 창업자가 회사에 어떤 영향을 주는지, 회사가 어떻게 운영되는지, 회사에서 직원이 무슨 일을 하는지, 소비자가 회사에 어떤 영향을 주는지 정확하게는 모를지라도 대략적으로는 알고 있다. 이것에 근거하여 기업이 상장되는 그 시점에 기업의 성장과 이윤 창출에 대한 기여도 비율을 주관적으로 산출해 본다.

창업자 20%, 직원 30%, 소비자(국민) 50%
내 주된 관심사인 소비자(국민)의 기여도에 대하여 사유해 본다 (사유의 폭이 너무 넓어지므로 한 국가의 소비자로 한정하고 외국 소비자는 배제한다).

회사의 성장과 이윤 창출에 대한 기여도 비율에서 소비자(국민)가 차지하는 비율이 최소한 50%는 넘는다고 나는 생각한다. 그 이유는 회사의 성장과 이윤 창출은 치열한 상품 경쟁 속에서 소비자(국민)에 의한 상품의 선택과 소비에 의하여 결정되기 때문이다.

자본주의에서 거대한 부의 창출 중 많은 부분이 기업의 발행 시장을 통한 상장에서 이루어지고, 그것이 소비자(국민)에 의한 기여 때문에 회사의 주식시장 상장이 가능하게 되었다면, 소비자 (국민)는 거대한 부의 창출 중 50%에 대한 권리가 있다고 나는 생각한다.

그 권리는 국가에 세금으로 납부되어야 하고 국가는 그 돈을 자본주의의 최대 문제점인 부의 불평등을 해소하는 데 사용해야 한다.

개인이 열심히 일해서 평생동안 모을 수 있는 돈의 양은 얼마나 될까? 개인이 살아가는 데 필요한 것은 지출하고 남는 돈 총액을 말하는 것이다.

이것에 대한 자료를 제공해 주는 프로그램이 있다. 채널 A 방송사의 '서민갑부'라는 프로그램이다. 이 프로그램은 가난을 극복하고 열심히 살아온 개인의 삶을 방송하고 있다. 여기서 인생을 열심히 산 개인이 모은 재산을 보여주는데 그 금액은 10억 정도이다(이 프로그램은 2016년 9월 8일 자로 90회까지 방송되어 서민 갑부의 부가 얼마나 되는지 잘 보여 주는데 그 금액은 10억 정도이다. 부동산 등의 급등에 의한 자산 소득은 배제하였다). 자산 소득을 배제하고, 삶에 필요한 최소한의 돈은 소비하면서 개인이 열심히 인생을 살면 모을 수 있는 돈의 양은 대략 10억이다.

상식적, 합리적, 일반적으로 국민 중 최고의 삶을 살기 위하여 개인이 그의 삶 속에서 필요한 자산의 양은 얼마나 될까?(이것은 자본주의가 필연적으로 내재하고 있는 개인의 돈에 대한 욕망을 억제하는 제도, 법률 등을 만드는 데 필요한 이론의 중요한 근거가 될 수 있다)

상식적, 합리적, 일반적으로 100억 원 정도의 자산이면 충분할 것이다. 이것이 의미하는 것은 개인의 삶 속에 나머지 돈은 아무런 의미가 없다는 것을 뜻한다(기업에 많은 지분을 갖고 있는 개인이 기업의 경영을 위한 자산의 총액은 의미 없는 돈에서 배제한다).

현재 자본주의는 회사들간의 무한경쟁이다. 다국적 기업들은 세계시장에서 무한경쟁을 하고 있으며, 무한경쟁에서 승리하기 위한 방법으로 효율성 등을 끌어올리기 위하여 끝없이 덩치를 키우고 있다. 이것은 거대자본이 필요하다는 것이며, 이것은 기업의 지분을 갖고 있는 특정 개인이 거대한 부를 소유해야 한다는 것을 의미하며, 이것은 특정 개인이 거대한 부를 소유하는 현실을 용인하는 논리를 제공한다. 이것이 현재 우리가 살고 있는 자본주의의 현실이다.

그러나 이러한 자본주의의 현실에도 불구하고 한 개인이 자신의 삶을 살아가는 데 필요한 자산 총액은 100억 원이면 충분하고, 이것은 사실상 진리에 가깝다. 그리고 사실상 진리에 가까운 것에 순응하는 것 중 하나는 자본주의의 꽃이라는 주식시장(기업이 발행시장을 통하여 상장하는 시점)을 통하여 앞에서 적은 방법으로 빈부의 차이를 줄이는 것이다.

인류 문명사에서 유래를 찾아볼 수 없는
플라톤이 세운 학교 '아카데미아'의 참된 지식과
이론을 발견하기 위한 교육 방법과
축적된 지식은 서유럽으로 연결되어 서유럽의
번영을 가능하게 하는 원동력이 되었다

교육을 통해 인간의 이성 중 많은 부분은 조각된다. 그러므로 인간에게 교육은 중요하다. 인간에게 교육을 하는 교육기관은 교육 방법과 교육하는 지식, 기술을 결정한다. 그러므로 인간에게 교육기관은 중요하다.

인류 역사를 살펴보면 교육은 전 지역에서 실시되었으나, 교육 제도, 교육 방법, 교육 내용은 특정 지역(기독교, 유교, 불교, 이슬람 문화권 등)에서 다르게 시행되었다.

특정 지역에는 구성원에게 교육을 하는 교육기관이 있었으며 교육기관에서 교육 방법과 교육하는 지식, 기술을 결정하였다. 특정 지역 각각의 교육기관에서 교육하는 지식, 기술은 그 지역의 '문화의 중력'(내가 생각한 정의다. 중력이 인간을 지구 쪽으로 끌어 당겨 지구에 머물게 하듯이, 특정 지역의 문화는 인간을 그 문화 속으로 끌어당겨 그 문화에 머물게 한다. 이 책 뒷부분 '문화의 중력에 대하여' 참고)과 역사, 전통에 영향을 받아 결정되는 책에 의하여 정해졌다.

특정 지역에서 '문화의 중력'과 역사, 전통에 영향을 받아 설립

PART 3

플라톤이 세운 학교 '아카데미아'의
참된 지식과 이론을 발견하기 위한
교육 방법과 축적된
지식의 연결에 대하여

역사를 살펴보면 성공한 문명의 진보는 사상가, 과학자 등이 생각해 낸 새로운 지식, 기술, 사상을 받아들이고 그것을 현실에서 법률화, 제도화, 일반화, 도덕화하는 과정 속에서 이루어졌다.

1688년 영국에서 일어난 시민혁명인 명예혁명은 기존의 이념인 왕권 강화 이념과 의회를 새로운 권력의 주체로 만들려는 이념 간의 충돌 속에서 일어난 것으로 명예혁명 이후 영국은 의회의 권리를 수호하는 것에서 벗어나 의회가 주도하는 의회정치로 나아가게 된다. 이것을 가능하게 한 것은 새로운 지식, 기술, 사상을 받아들이고 그것을 제도화, 법률화하려는 영국 시민의 의지였다.

한국을 발전시키는 것은 무엇인가? 새로운 사상, 지식, 기술이 한국을 발전시킬 것이다. 한국에는 없는 외국의 사상, 지식, 기술은 새로운 사상, 지식, 기술로 한국에서 받아들여야 한다. 그것으로 인하여 한국은 발전할 것이다. 그러나 그것만으로 강력한 한국을 건설할 수는 없다.

한국에서 새로운 사상, 지식, 기술이 발생하지 않는다면 한국은 주변 강대국의 간섭을 물리치고 한국의 문제를 스스로 해결할 수 있을 만큼 강해질 수 없다. 마침 창조 의지라는 한국에서 발생한 새로운 이념이 있다. 이것이 강력한 한국을 만들 수 있는 대안이 될 수 있을 것이다.

창조 의지라고 정의(앞 장의 창조 의지 정의 참조)되는 새로운 이념을 한국인의 포괄적 합의 하에 한국인이 받아들인다면 한국인은 그것을 기초로 하여 법률과 제도를 변화시킬 수 있다. 한국의 제도와 법률이 변화되는 과정 속에서 교육 제도와 교육 방법은 진보하게 된다.

한국의 진보된 교육 제도와 교육 방법을 통하여 한국인의 정신은 진보할 것이다. 이것은 한국인의 진보를 의미한다. 진보된 한국인에 의하여 추진되는 창조 의지를 법률화, 제도화, 일반화, 도덕화시키는 과정 속에서 강력한 성장 에너지를 한국은 갖게 될 것이다. 그것은 한반도의 현실을 변화시킬 수 있는 강력한 힘을 한국이 갖게 된다는 것을 의미한다. 이것은 민족이 분단된 현실 속에서 살고 있는 한국인의 강력한 열망이기도 하다.

1945년 8월 15일, 한국은 해방되었다. 그리고 한국은 새로운 이념인 자유민주주의와 자본주의를 받아들였다. 한국은 새로운 이 이념을 법률화, 제도화, 일반화, 도덕화하는 과정 속에서 한국인은 근검과 절약 정신을 갖고, 정부는 정부 주도의 수출 주도형 경제 개발, 새마을 운동 등을 추진하면서 놀라운 고도성장을 이룩하여 한강의 기적을 만들었다.

우리는 흔히 한국 경제의 놀라운 고도성장 그리고 빠른 민주화의 과정을 자랑스럽게 말한다. 그러나 우리가 잊고 있는 것이 있다. 이 모든 것은 한국이 새로운 이념인 자유민주주의와 자본주의를 받아들이면서 시작되었다는 것을. 우리가 자의든 타의든 간에 그것을 받아들이지 않았다면 지금도 우리는 유교 사회에 살고 있었다는 것을.

창조 의지라는 한국에서 발생한 새로운 이념이 있다. 창조 의지는 한국인에게 새로운 도전과 기회의 시작이 될 것이다. 창조 의지를 통하여 한국인은 각성해야 한다. 그렇게 된다면 창조 의지는 한국인, 한국, 한민족에게 새로운 한강의 기적을 가져다줄 것이다.

자본주의와 시장경제라는 세계 경제의 동일한
질서 속에서 한국이 합의를 통한 창조 의지의
법률화, 제도화, 일반화, 도덕화를 이룩한다면,
한국은 다른 국가와는 차별화된 제도, 문화,
국가 경쟁력 등을 갖게 될 것이다

현재 세계 경제는 영국과 미국이 만들어 놓은 자본주의와 시
장경제라는 동일한 질서에 의하여 지배되고 있다. 자본주의와 시
장경제라는 동일한 질서가 국가에 주어지면, 특정 지역에서 종
교, 문화 등의 영향으로 국가의 발전이 정체된 경우를 제외하고
는, 상품의 수요와 공급을 결정하는 시장의 크기에 의하여 기업
의 기술력과 규모가 대부분 결정되므로, 많은 인구와 큰 땅이라
는 두 가지 조건을 만족시키는 국가가 세계 경제를 많은 부분 이
끌어 나갈 수밖에 없다.

자본주의와 시장경제라는 세계 경제의 동일한 질서가 중국 경
제에 주어지니 공산주의 국가인 중국이 미국과 어깨를 맞대는
경제 강대국으로 부상하고 있다. 중국은 많은 인구와 큰 땅을 갖
고 있다.

자본주의와 시장경제라는 세계 경제의 동일한 질서 속에서 한
국 경제는 어떠한가? 자본주의와 시장경제라는 세계 경제의 동
일한 질서 속에서 작은 영토와 적은 인구를 가진 한국은 큰 땅과
많은 인구를 가진 국가와의 경제 전쟁에서 승리할 수 없다.

이러한 현실은 과거 동양의 동일한 경제 조건 속에서 작은 영토와 적은 인구를 갖고 있던 조선이 큰 땅과 많은 인구를 갖고 있던 중국에 대하여 느꼈던 체념과 같이 한국의 경제 현실에 대하여 한국인에게 체념만을 가져다준다.

2016년 9월 23일 자 한국의 경제 상황은 서서히 말라가는 나무와 같다. 해운 산업은 세계 7위 한진해운이 법정 관리되면서 이미 몰락의 길로 들어섰고(2017년 3월 17일 자로 한진해운은 이미 역사 속으로 사라졌다), 조선 산업의 앞날은 예측 불가능할 정도이다. 다른 한국의 제조업은 중국의 경제 성장에 대한 반작용으로 서서히 말라가고 있다. 또한, 한국의 안보와 관련된 지정학적 특성은 한국의 경제의 커다란 위협이 되고 있다.

이러한 한국 경제 현실을 타개할 수 있는 대안은 무엇인가? 인류 문명 속에서 한국 경제 현실을 타개할 수 있는 대안의 사례를 찾고자 한다.

대항해 시대 중 17세기 네덜란드 암스테르담 시민의 동인도 회사 설립 과정 속에서 나타난 새로운 회사 설립에 대한 생각 변화가 가져온 네덜란드의 17세기 경제 부흥, 신세계 아메리카 대륙에 대한 모험과 도전 정신으로 이루어 낸 16세기부터 17세기 중반까지 번영한 스페인은 현재 한국의 나아갈 길을 인류 문명 속에서 잘 보여 주고 있다.

그 대안은 새로운 생각을 받아들이는 것이다. 그리고 새로운 생각을 이루기 위하여 현실에서 행동하는 도전 정신이다.

지금의 내가 신발 끈을 졸라매고 정신을 바로 차려 변화하지 않으면 미래의 나도 변화할 수가 없다. 현재 한국이 합리적인 새로운 그 무엇을 받아들이고 그것을 실행하지 않는다면 미래의 한국은 나아질 수 없다. 오히려 변화하지 않는 한국은 변화하는 다른 국가들에게 세계 경제에서 차지하고 있는 지금의 위치도 빼앗기게 될 것이다.

유일한 대안은 새로운 그 무엇을 받아들이고 그것을 실행하여 한국을 변화시키는 것이다. 새로운 그 무엇은 창조 의지라는 이념이다. 실행의 방법은 인간 정신을 구성하는 요소인 창조 의지를 법률화, 제도화, 일반화, 도덕화하는 것이다.

근대 이후 서유럽과 미국은 자유 의지, 평등 의지를 받아들이고 법률화, 제도화, 일반화, 도덕화하는 과정 속에서 인류 문명을 비약적으로 진보시켰다. 이것은 인류 역사가 명백하게 증명한다.

한국이 사회 갈등을 극복하고 한국인의 사회적 합의에 의한 개혁과 혁신을 통해 창조 의지의 법률화, 제도화, 일반화, 도덕화를 이룩한다면, 한국은 자본주의와 시장경제라는 세계 경제의 동일한 질서 속에서 다른 국가와는 일부 차별화된 제도와 문화를 갖게 될 것이고, 그것에 의하여 다른 국가에는 없는 한국만이 갖고 있는 국가 경쟁력을 갖게 될 것이다.

이것이 이루어진다면 미래의 한국은 틀림없이 문제점들을 해결할 수 있는 능력과 분단된 한반도를 통일할 수 있는 힘을 갖게 될 것이다.

한국이 세계 시장에서 한국의 몫을 지키고
나아가서는 한국의 지분을 넓혀가는 유일한 길은
'한국이 스스로 한국을 변화시키는 것'이다

현재 한국의 현실은 먹구름이 잔뜩 낀 하늘처럼 암울하다.

한민족의 영토인 한반도는 자본주의 대한민국과 공산주의 북한으로 양분되어 휴전상태를 유지한 채 남과 북으로 갈라져서 극단적 대치 상황에 있다.

경제는 선진국을 추월하기에는 약하고 중국의 한국에 대한 추격은 빠르게 진행되고 있어 한국 경제는 샌드위치에 비유되고 있다. 특히 중국의 경제 발전으로 인하여 세계 시장에서 한국이 차지하고 있던 한국의 몫을 중국에 빼앗기고 있으며 앞으로 나아가지 못하는 한국 경제는 중국에 의하여 서서히 말라가고 있다.

한국의 구성원인 한국인에게 지식, 기술을 가르치며 인격을 길러주는 교육은 대학 입시에 모든 것이 집중되는 교육 제도로 인하여 암기를 위주로 하는 교육 방법과 지식의 전문화, 분업화에 반하는 교육 제도로 한국인의 창조력, 창의력은 억압되고 있다.

사회는 계층 간, 지역 간, 세대 간의 갈등으로 갈라져 있다.

정치는 정치 본연의 사명을 저버리고 보수와 진보로 갈라져서 지역과 국민의 감정에 기대어 계층 간, 지역 간, 세대 간의 갈등을 부추기고 있으니 한국의 앞날을 이끌어 나갈 정당은 없다고 할 것이다.

한국의 현재가 이러하니 한민족의 미래는 암울하기만 하다.

세계 경제 속에서 한국 경제의 상황을 살펴보자. 현재 세계는 각국이 세계 시장에서 조금 더 나은 위치를 차지하기 위하여 경쟁하며 각국의 형편에 맞는 역할을 수행하고 있다. 한국의 역할은 제조업이다. 후발 주자인 한국의 제조업은 미국, 독일, 일본 등과 경쟁하면서 성장하였고 세계 시장에서 한국의 몫을 갖게 되었다.

그동안 세계 시장에서 제조업이 가능한 지역은 미국, 유럽, 일본, 한국 정도였으며, 그 국가들 속에서 한국은 한국의 몫을 어렵게 챙기고 있었으나 큰 변수가 생겼으니 새로운 경제 강국 중국의 등장이다.

미래의 중국은 한국의 모든 산업과 경쟁하며 한국이 세계 시장에서 차지한 것을 하나씩 뺏어갈 것이다. 지금 이 순간에도 한국은 선진국과의 경쟁에서 밀리고 중국에는 서서히 추월당하는 천천히 말라가는 나무와 같은 처지에 있다.

이러한 한국의 상황을 타개할 방법은 있는가? 내가 생각하는 방법은 두 가지다. 하나는 외부에서 오는 충격인 통일에 의한 방법이다. 둘은 새로운 이념에 의하여 한국 사회 내부에 충격을 주는 방법이다.

통일이라는 방법이 있다. 통일이라는 방법은 한국 주도하의 한반도 통일이다. 통일이 이루어진 한국은 북한의 노동력과 천연자원의 이용이라는 혜택을 받아 성장과 도약의 기회를 얻게 될 것이다. 물론 북한 주민의 생활 수준을 향상시키는 데 들어가는 통일 비용이 엄청날 것이다. 그러나 통일을 한국이 이용만 잘한다면 다시 성장과 도약을 할 수 있는 기회가 될 수 있다.

통일된 한국은 국토가 2배 늘어나고 인구도 2천500만 명 늘어나 7천600만 명이 된다. 이것은 자본주의에서 가장 중요한 요소인 자원이 늘어나고 시장이 커진다는 것을 의미한다. 통일이라는 외부의 충격은 한국이 현재 안고 있는 전쟁 위험, 경제 침체, 사회 갈등 등을 타개할 수 있는 원동력이 될 수 있다. 그러나 북한의 붕괴에 의한 한국의 흡수 통일은 요원한 만큼 이 방법은 요원하다.

새로운 이념에 의하여 한국 사회 내부에 충격을 주는 방법이다. 새로운 이념은 창조 의지이다. 그리고 창조 의지를 통하여 한국의 상황을 타개할 방법은 창조 의지를 법률화, 제도화, 일반화, 도덕화하는 과정 속에서 '한국이 스스로 한국을 변화시키는 것'이다.

한국은 미국, 일본, 중국, 러시아, 북한을 변화시킬 수 없다. 한국이 창조 의지를 통하여 변화시킬 수 있는 것은 한국의 제도, 법률, 문화 등과 한국인밖에 없다. 그러나 창조 의지를 통하여 한국 스스로 한국을 변화시켜 한국이 강해진다면 한국은 미국, 일본, 중국, 러시아, 북한을 변화시킬 수 있다. 창조 의지를 통하여 강력해진 한국을 대하는 미국, 일본, 중국, 러시아, 북한의 정책은 변화되지 않은 지금 이대로의 한국을 대하는 정책과는 확연히 다를 것이다.

한국이 스스로 변화하는 방법은 이러하다. 근대 이후 서유럽과 미국이 인간 정신을 구성하는 요소인 자유 의지, 평등 의지를 법률화, 제도화, 일반화, 도덕화하는 과정 속에서 인간을 변화시켜 인류 문명의 진보를 이끌고 엄청난 경제적 성장을 이룩했듯이, 한국은 사회적 합의로 인간 정신을 구성하는 요소인 창조 의지를 법률화, 제도화, 일반화, 도덕화하는 과정 속에서 한국인을 변화시키고 그것을 원천으로 하여 강력한 성장과 진보를 이룩하는 것이다.

이 방법은 한국 사회의 합의로 이루어져야 한다. 한국인이 사회적 합의를 이룩한다면 한국은 다른 국가에는 없는 새로운 제도와 문화를 갖게 되는 것이며, 이것은 자본주의와 시장경제라는 동일한 조건 속에서 펼쳐지는 다른 국가들과의 경쟁에서 우위에 설 수 있는 조건을 한국이 갖게 된다는 것을 의미하는 것이다.

한국이 세계 시장에서 한국의 몫을 지키고 나아가서는 한국의 지분을 넓혀가는 유일한 길은 '한국이 스스로 한국을 변화시키는 것'이다.

한국인의 합의로 새로운 이념인 인간 정신을 구성하는 요소 중 하나인 창조 의지를 받아들이고 그것을 법률화, 제도화, 일반화, 도덕화하는 과정 속에서 한국의 정치, 경제, 교육, 사회, 문화를 개혁, 혁신하여 강력한 성장과 진보를 이룩한 한국은 한국인이 소망하는 것들을 현실화할 수 있는 강력한 힘을 갖게 될 것이다.

미국이 인류 문명을 이끌어 나가는 이유는
다른 나라와 비교하여 상당히 포괄적으로
자유 의지가 법률화, 제도화, 일반화,
도덕화되어 있기 때문이다

현재 인류 문명을 이끌어 나가는 국가는 미국이다. 미국이 인류 문명을 이끌어 나가는 이유는 무엇인가?

그것은 미국이 다른 나라와 비교하여 상당히 포괄적으로 자유 의지가 법률화, 제도화, 일반화, 도덕화되어 있기 때문이다. 이것이 중요한 것은 미국인이 자신의 삶을 다른 국가의 국민과 비교하여 매우 많이 '자유롭게 선택'할 수 있다는 것에 있다.

개인이 자신의 삶을 '자유롭게 선택'할 수 있다는 것의 중요성은 말로 표현할 수 없을 정도다. 그것은 인간 존엄성의 근본을 형성하고 있는 것 중 하나이며, 개인이 지식, 기술을 발달시키는 과정에서 필수적인 요소이며, 인간의 선한 요소가 표출되어 나타나는 인간의 행동 중 가장 중요한 요소다. 그러므로 국민이 자신의 삶을 매우 자유롭게 선택하는 국가는 최고의 선진국이 필연적으로 갖추어야 할 가장 중요한 요소를 갖추었다고 말할 수 있다.

개인이 자신의 삶을 자유롭게 선택하면 개인의 창조력, 창의력이 증가한다. 인간은 자신이 하고 싶은 일을 할 때 그 일에서 자신의 능력이 극대화되며 극대화된 능력은 인간의 창조, 창의력으로 표출된다. 그러므로 개인의 창조력, 창의력의 증가는 개인의 선택과 깊은 연관이 있다. 그것은 개인의 선택이 더욱더 자유로워질수록 창조력, 창의력은 더욱더 증가하기 때문이다.

미국은 전 세계에서 개인의 선택이 가장 자유로운 국가다. 그러므로 다른 나라와 비교하여 개인의 창조력, 창의력이 미국에서 가장 많이 표출된다. 이것은 자유로운 선택과 개인의 창조력, 창의력 증가가 강한 연관성이 있다는 것을 명백하게 증명한다.

개인이 사회, 국가의 문화, 전통으로 인한 억압 속에서 개인의 삶을 선택한다면 그것은 자유로운 선택이 될 수 없다. 개인이 자신의 삶을 자유롭게 선택하는 데 억압과 제약이 가해지면 개인의 창조력, 창의력은 감소한다. 그것은 지식, 기술의 발전도 자유로운 선택에 대한 억압과 제약으로 감소하는 것을 의미한다.
다만 여기서 우리가 명심해야 할 것이 있다. 그것은 개인이 자신의 삶을 자유롭게 선택하는 것과 개인에 대한 교육에 대하여 강제적으로 실시하는 교육 제도와 교육 방법은 별개의 문제라는 것이다.

'인간은 교육을 통하여 진정한 인간이 된다.' 그러므로 교육을 받는 과정 속에서 개인이 선택할 수 있는 것과 선택할 수 없는 것이 있다. 선택할 수 있는 것은 직업을 자유롭게 개인이 선택할 수 있는 것처럼 교육 과정 속에서 나타나는 전공, 과목 등은 자유롭게 선택할 수 있어야 한다. 개인이 자유롭게 선택할 수 없는 것은 지식, 기술이며, 지식, 기술을 배우고 익히는 것은 자유로운 선택의 문제가 아니라 반드시 해야만 하는 것이다.

개인이 학업을 중단하는 선택은 자유로워야 한다. 그러나 여기에도 선택의 자유는 어느 정도 지식과 기술이 교육된 다음의 문제이다. 그 전에는 개인이 학업을 중단하는 자유로운 선택은 국가에 의하여 억제되어야 한다. 우리가 흔히 말하는 의무교육이 생긴 이유가 여기에 있다.

한국에서 시행되는 암기식 교육 방법이 갖는 최대의 장점이 있다. 그것은 지식과 기술을 단시간 내에 인간 정신 속에 축적할 수 있다는 것이다. 이것은 한국 교육의 최대 장점이며 최대 약점이다. 이것은 한국인의 창조력, 창의력을 표출시키는 데 있어서 최대 장점이자 최대 약점이다. 한국식 교육 방법의 최대 약점은 자유로운 토론식 교육의 배제에 있다.

미국식 교육 방법의 최대 장점이 있다. 그것은 자유로운 토론식 교육 방법을 통한 개인의 창조력, 창의력 증가에 있다. 미국식 교육 방법의 최대 약점은 암기식 교육의 배제에 있다. 지식을 강제적으로 주입하는 암기식 교육의 배제는 미국인의 정신 속에 지식 축적의 부족을 가져오며 그것은 전체적으로 미국인의 지적 능력을 저하시키는 원인으로 작용한다.

그러므로 한국의 암기식 교육 방법과 미국의 자유로운 토론식 교육 방법은 융합되어 한국에서 시행되어야 한다. 이것은 현재 한국에서 시행되는 교육 방법의 개혁, 혁신의 핵심이 되어야 한다.

지식을 강제적으로 주입하는 암기식 교육의 배제는 미국인의 정신 속에 지식 축적의 부족을 가져오며 그것은 전체적으로 미국인의 지적 능력을 저하시키는 원인으로 작용한다(앞 장 참고).

여기서 의문이 생기는데 그것은 이러하다. 미국에서 스티브 잡스, 빌 게이츠 등과 같은 개인에 의한 기술의 혁신은 왜 가능한가?(의문은 각 국가의 경제 속에서 펼쳐지는 경제 환경 등은 배제하고 '교육 방법과 개인의 선택'을 대상으로 사유하였다)

미국의 인구는 3억 2,000만 명이다. 미국은 개인이 자유로운 선택을 할 수 있으며 자유로운 토론식 교육 방법을 실시한다. 이것은 개인의 창조력, 창의력을 증가시킨다. 이제 남은 것은 자유로운 토론식 교육의 최대 문제점인 지식의 축적이다.

여기서 다시 등장하는 것이 있다. 그것은 미국인은 자유로운 선택을 할 수 있다는 것이다. 이것은 개인이 자기가 매우 좋아하는 한 분야의 지식을 집중적으로 축적할 수 있는 환경을 개인이 스스로 만들고, 그것으로 인하여 개인이 한 분야에서 지식을 집중적으로 축적할 수 있다. 이제 미국에서 토론식 교육의 장점과 개인의 자유로운 선택에 의한 매우 전문화된 지식의 축적이 한 개인에게서 만났다. 여기서 빌 게이츠, 스티브 잡스가 탄생하는 것이다. 그리고 미국의 많은 인구는 빌 게이츠, 스티브 잡스와 같은 개인이 나타날 확률을 높여 준다.

한국, 중국 등은 개인의 자유로운 선택이 전통, 문화 등에 의하여 억압되면서 한 분야의 지식을 축적하려고 하는 개인의 의지는 많은 경우 좌절된다.

중국의 인구는 약 14억이다. 중국은 암기식 교육 방법을 시행하는 국가다. 중국은 개인의 자유로운 선택이 전통, 문화 등에 의하여 억압되고 있다. 그것은 중국인의 창조력, 창의력을 억압하고 약화시킨다. 이것은 중국인 중에서 스티브 잡스, 빌 게이츠 같은 인물이 나오지 못하는 가장 중요한 이유다.

한국의 인구는 약 5천200만 명이다. 한국은 암기식 교육 방법을 시행하는 국가다. 한국은 개인의 자유로운 선택이 전통, 문화 등에 의하여 억압되고 있다. 그것은 한국인의 창조력, 창의력을 억압하고 약화시킨다. 이것은 한국인 중에서 스티브 잡스, 빌 게이츠 같은 인물이 나오지 못하는 가장 중요한 이유다.

미국은 다른 국가와 비교하여 개인의 선택이 매우 자유롭다. 그것은 미국인의 창조력, 창의력이 다른 국가의 국민과 비교하여 우위에 있다는 것을 의미한다. 그것은 미국이 다른 국가와 비교하여 지식, 기술의 발전이 우위에 있다는 것을 의미한다. 그것은 다른 국가들이 미국을 따라잡을 수 없게 만드는 미국의 내면적 힘이다. 다른 국가와 비교하여 지식, 기술의 발전 우위는 미국을 강대국으로 만들었고, 미국이 인류 문명을 이끌어 나가는 원천적인 힘을 제공한다.

한국의 현실은 어떠한가? 한국의 현실은 한국인들 스스로가 잘 알고 있듯이 전체적으로 암울하다. 한반도는 분단되어 있고 북한에 의한 전쟁의 공포는 한반도를 뒤덮고 있으며, 한국 경제는 중국에 의하여 서서히 말라가고 있다. 서러운 일이지만 한국인은 이러한 한국의 현실을 인정해야 한다. 그리고 이러한 현실 속에서 이것을 극복할 수 있는 방안을 생각해야 한다.

한국의 암울한 현실을 극복하고 일부분이나마 미국보다 조금 더 진보된 한국을 만들고 싶다면 어떻게 해야 하는가?

내가 생각한 답은 이러하다. '한국을 미국보다 조금 더 창조적인 국가로 만들면 될 것이다.' '한국인이 미국인보다 창조력, 창의력이 조금 더 뛰어나면 가능할 것이다.'

이것에 이루기 위한 방법은 이러하다. 지식, 기술을 발전시키는 원동력인 한국인 개개인의 창조력, 창의력을 증진시키기 위하여 한국인은 사회적 합의를 해야 한다. 그 합의는 자유 의지의 법률화, 제도화, 일반화, 도덕화를 통한 미국식의 우회적인 길(물론 자유 의지는 개인의 선택과 연결되어 있고 자유로운 선택은 개인의 창조력, 창의력과 연결되어 있다. 자유 의지의 이러한 측면은 개인의 창조력, 창의력에 직접적인 영향을 준다. 그러나 전체적인 면에서 자유 의지가 인간의 창조력, 창의력에 도움을 주는 문화 등의 환경을 조성하지만 자유 의지가 전체적인 면에서 직접적으로 인간의 창조력, 창의력에 영향을 주는 것은 아니라는 생각을 이렇게 표현하였다)이 아닌, 인간 정신의 구성 요소 중 하나인 창조 의지의 법률화, 제도화, 일반화, 도덕화를 통한 직접적 접근 방식으로 사회, 국가를 개혁, 혁신하는 것에 한국 사회의 포괄적 합의가 있어야 한다.

한국인의 창조력, 창의력에 직접적으로 도움을 주는 방법에는 무엇이 있을까?(어느 국가도 시행한 적이 없어서 두 가지만 예시하였다)

1. 한국의 교육 제도, 교육 방법을 개혁한다(앞 장 참고).

2. 한국의 제도, 법률 등을 개혁한다.

한국 사회의 합의를 바탕으로 한국인의 창조력, 창의력을 증진하기 위하여 창조 의지를 제도, 법률 등을 개혁하는 데 반영한다.

창조 의지에 대한 한국 사회의 포괄적 합의를 바탕으로 창조 의지를 법률화, 제도화, 일반화, 도덕화하는 과정 속에서 개인의 창조력, 창의력을 극대화시키는 방법을 제도, 법률 등의 개혁에 반영시켜야 한다. 그것을 통해서 개인의 창조력, 창의력이 지식재산권과 물체로 현실화할 수 있는 국가적 환경을 조성하여 강력한 성장 에너지를 한국이 얻게 만들어야 한다.

한국이 창조 의지에 대한 사회적 합의를 이루고, 그 합의를 바탕으로 창조 의지의 법률화, 제도화, 일반화, 도덕화를 이룩한다면, 한국은 그 순간부터 미국을 부분적으로 조금이나마 뛰어 넘을 수 있는 가능성을 갖게 될 것이다. 그리고 한국은 한국인의 강력한 창조력, 창의력에 의하여 뒷받침되는 경제 발전을 이룩할 수 있을 것이다.

인류 문명에서 신과 자연을 배제하면 인간만이 남는다. 인간이 모든 것의 시작이고 끝이다. 한국인이 창조 의지를 받아들이고 그것으로 인하여 한국인이 진정으로 변한다면, 한국인은 많은 것을 변화시킬 수 있다.

나는 한국인에게 말하고자 한다.
한국인이여! 변화, 개혁을 두려워하지 마라.
한국인이여! 우리는 할 수 있다.

기업은 원하는 직원을 스스로 육성하는 방법과
외부에서 채용하는 방법을 융합해야 한다.
이것을 한국 기업이 받아들여야 하고, 그것을
통해 한국 기업은 강한 기업으로 성장할 것이다

:: **전제** ::

이것은 대기업을 기준으로 사유한 것이다. 물론 준비된

중소기업으로 확장은 가능하다.

한반도는 분단되어 있다. 한민족은 남과 북으로 나누어져 있다. 이 문제를 해결하기 위한 한민족의 유일한 희망은 한국의 경제 발전에 의한 강력한 한국 건설에 있다. 이것만이 현실적으로 한반도의 분단을 극복하고 통일을 이룩할 수 있는 유일한 길이다.

현재 한국 경제의 상황에서 한국 기업의 기술력을 획기적으로 발전시킬 방법이 있다. 그 방법은 인간의 삶 속에서 10대가 창조력, 창의력이 가장 왕성한 시기이므로 '기업이 자발적으로 기업의 기술력과 관련하여 원하는 직원 중 일부는 10대 초에 채용하여 육성하는 것'이다.

특정 국가에서 10대가 전문적인 지식, 기술을 축적할 수 있도록 제도, 법률 등을 체계적으로 만들고, 그 국가의 10대가 특정 분야의 전문적인 지식, 기술을 깊이 있게 축적한다면, 10대가 창조력, 창의력이 가장 왕성한 시기이므로, 그 국가는 10대에서 뿜어져 나오는 엄청난 진보의 에너지를 통해 급격한 경제 발전을 이룩할 수 있다.

현재 전 세계에는 10대가 전문적인 지식, 기술을 축적할 수 있도록 제도, 법률 등을 체계적으로 갖추어 10대의 창조력, 창의력을 각성시키는 국가가 없으므로, 한국에서 그것에 대한 제도, 법률 등을 체계적으로 갖추어 10대의 창조력, 창의력을 각성시킨다면 한국 기업의 기술력은 획기적으로 발전하게 될 것이다.

한국이 이 방법대로 제도, 법률 등을 체계적으로 갖추고 한국 기업이 이 방법을 사용한다면 그 기업은 10년 이내에 특정 분야에서 세계 최고의 기술력을 보유하게 될 가능성이 상당히 크다. 또한, 그 기업은 다른 국가가 이와 유사한 제도, 법률 등을 시행하기까지 다른 국가의 경쟁 기업과 비교하여 우월한 경쟁력을 갖게 될 가능성도 상당히 높다.

기업을 단순화시키자. 기업을 외부와 단절시키자. 외부와 단절된 기업은 그 기업 자체만 남고 기업 내부에는 기업의 직원과 시설만 남는다. 기업의 시설을 배제하자. 그러면 직원이 기업의 전부인 상태가 된다. 이것은 복잡한 경제 환경 속에서 기업이 사람들의 집합체라는 것을 다시 한 번 일깨워 준다.

현재 전 세계에서 기업이 직원을 채용하는 방식은 한 가지 뿐이다. 외부에서 직원을 채용하는 것이다. 외부에서 직원을 채용하는 방법은 두 가지가 있다. 학교를 졸업한 개인을 채용하는 방법과 다른 기업에 다니던 경력 사원을 채용하는 방법(회사 합병 등 포함)이 그것이다. 이것은 전 세계의 모든 기업이 예외 없이 사용하고 있는 방법이다.

여기서 나는 의문을 갖게 되었다. 왜 외부에서만 직원을 채용해야 하는가? 기업 스스로 기업이 원하는 직원을 육성할 수는 없는 것인가?

창조 의지에 대하여 긴 세월 동안 사유를 한 나에게 이러한 기업의 채용 방법은 문제가 있으며 변화가 필요하다는 생각이 들었다. 여러 가지 생각 끝에 기업의 채용 방법에 대하여 내가 내린 결론은 이러하다.

'기업이 자발적으로 기업의 기술력과 관련하여 원하는 직원을 육성하는 방법과 현재와 같이 외부에서 채용하는 방법을 융합하는 것이다.'

기업이 스스로 구성원을 육성하려면 두 가지 전제 조건이 충족되어야 한다. 하나는 미래에 기업이 필요로 하는 직원을 육성할 수 있는 돈, 의지 등을 기업이 갖고 있어야 한다. 이것을 충족시키기 위해서는 최소한 중소기업 이상의 규모는 되어야 가능한 일이다. 둘째는 국가에 의하여 기업이 필요로 하는 직원을 육성할 수 있는 법, 제도가 구비되어야 한다. 그것을 기업이 시행하고 싶어도 법, 제도가 없으면 불가능하기 때문이다.

범위를 줄이자. 미래에 기업이 필요로 하는 직원을 육성할 수 있는 기업으로 한정하자. 이것을 전제로 직원 채용의 한 방법인 직원 육성에 대하여 생각해 보자.

직원의 육성에 대한 모든 지원은 기업이 해야 한다. 기업을 위하여, 기업에 필요한 인원을, 기업이 선택하는 것이기 때문에, 기업은 선택한 개인에 대한 미래의 가능성에 비용을 지불해야 한다.

기업은 미래의 직원이 될 수 있는 인재를 빨리 선발하여 기업이 원하는 지식, 기술을 교육할 수 있다. 이것이 의미하는 것은 매우 놀라운 것이다. 기업이 미래의 직원이 될 12세의 개인을 선택했다. 기업은 그가 뛰어난 자질을 갖춘 인재라고 생각해서 기업 스스로 그를 선택했다. 무엇에 의한 강요가 아닌 기업 스스로의 선택이므로 기업은 기업이 선택한 그에게 시간의 투자에 대한 대가를 보수 등의 형태로 지불해야 한다(기업이 선택한 개인에게 기업이 지불해야 할 것에 대한 사회적 합의가 있어야 한다).

기업은 그가 창조력, 창의력이 가장 왕성한 시기에 돈을 투자하여 회사가 필요로 하는 지식, 기술을 그에게 교육했다. 특정 기술 분야에서 회사에 의한 미래 직원에 대한 교육은 더욱 성과를 낼 것이다. 미래의 직원이 속해 있는 기업은 세계 시장 속에서 무한 경쟁을 하는 기업 중 특정 기술 분야를 이끌어 나가게 될 확률이 대단히 높다.

그가 새로운 기술을 개발할 수 있는 가능성은 일반적인 교육을 받은 개인보다 어느 정도 높을까? 일반적인 학교 교육을 받은 개인보다 최소한 몇 배는 더 가능성이 있을 것이라고 나는 생각한다. 그것에 기업은 돈과 시간을 투자하는 것이다. 기업은 선택을 넘어 필연적으로 당연히 돈과 시간을 투자하여야 한다. 내 생각에는 그런 기업만이 미래에는 살아남을 수 있다고 판단한다.

기술 혁신의 주체는 개인에게서 기업으로 넘어갈 수밖에 없다. 그 이유는 이러하다. 개인은 기술 혁신의 과정 속에서 필요한 돈, 환경 등에서 기업과 경쟁이 안 되므로 기술 혁신은 기업에서 많이 이루어진다. 기술 혁신을 이루기 위해서는 기존의 많은 지식, 기술이 필요하므로 개인이 가진 지식보다는 많은 지식, 기술을 가진 기업에서 많은 기술 혁신이 일어날 수밖에 없다.

기업이 외부에서 직원을 채용하는 이유에 대하여 사유한다.

1. 생각의 문제이다.
세계 어느 기업도 기업 내부에서 직원을 육성하지 않고 있다. 그러므로 어떤 기업의 경영자도 직원의 육성에 대하여 생각을 할 수 없다(무슨 일을 처음 한다는 것은 매우 어렵고 힘든 일이다).

2. 비용의 문제이다.
미래의 직원을 육성하는 과정에는 교육, 보수, 관리 등에 많은 비용이 투자된다.

3. 제도 등의 문제이다.
기업 내부에서 직원을 육성하는 데 필요한 국가의 제도, 법률이 없다.

직원을 육성하는 데 필요한 교육, 보수, 관리 등의 비용 문제는
기업이 자율적으로 선택할 사항이다. 기업 내부에서 직원을 육성
하는 것에 대한 제도, 법률은 국가에서 당연히 제정해야 한다.
현실은 전 세계 어느 국가도 그것을 제정하지 않고 있다.

기업의 인식에도 변화가 있어야 한다. 기업은 현재의 이윤 창출
에만 모든 역량을 집중할 것이 아니라 기업의 미래를 위한 투자
도 해야만 미래에 진정으로 강한 기업이 될 수 있다. 물론 기업이
미래를 위해 직원과 기술에 투자하고 있다. 그러나 기업의 미래
를 위하여 미래 직원을 육성하는 일에는 투자하지 않고 있다. 진
정한 기업의 투자는 직원에 대한 투자다. 직원이 기업 전부라고
도 말할 수 있기 때문이다. 그러므로 미래의 직원을 육성하는 일
에 투자가 필요하다.

메이저리그를 생각해 보자. 메이저리그 각 구단이 미래의 선수
를 육성하는 방법은 기업의 미래 직원 육성에 사용할 부분이 많
다. 메이저리그 각 구단은 미래의 선수를 스스로 육성하기 위하
여 많은 투자를 해 왔고 그것에 대한 축적된 기술을 갖고 있다.
메이저리그 각 구단은 그것을 바탕으로 미래의 선수를 위하여
돈, 교육 등을 투자한다. 구단의 미래의 선수에 대한 투자는 성
공할 수도 실패할 수도 있다. 그런데도 투자는 계속된다. 투자를
하는 것이 구단에 유리하다는 것을 잘 알고 있기 때문이다. 투자
를 멈추는 순간 구단의 미래가 없다는 사실을 잘 알고 있기 때문

이다.

재정 상태가 넉넉하지 않은 구단도 미래의 선수를 위한 투자는 계속한다. 그것이 메이저리그에서 구단이 살아남을 수 있는 유일한 길이라는 것을 잘 알고 있기 때문이다. 기업은 메이저리그 각 구단의 미래 선수 육성에 대하여 주목하고 그것을 받아들여야 한다. 이것은 대단히 중요한 문제이다. 이것을 선점하는 기업이 미래 경제를 주도할 것이기 때문이다.

메이저리그는 돈, 배경 등이 있는 선수가 구단에 영향력을 행사할 수가 없고, 오직 실력 있는 자만이 살아남는 무한 경쟁의 장소이다. 전 세계에서 메이저리그만큼 평등한 기회가 주어지는 곳을 나는 알지 못한다. 이곳에서 메이저리그 각 구단은 미래의 구단 선수를 위하여 많은 돈, 교육을 투자하고 있다.

다시 한 번 강조하고자 한다. 이것은 대단히 중요한 것이다. 그리고 이것을 그대로 한국 기업이 받아들여야 한다. 그것을 받아들인다면 한국 기업은 다른 국가의 기업에도 밀리지 않는 강한 기업으로 탈바꿈할 수 있다.

이 방법을 시행시킬 힘을 어디에서 찾을 수 있을까? 이 방법을 정착시키기 위해서는 국가가 법, 제도를 제정하여야 한다. 기업과 미래 기업 직원이 될 개인과의 관계 및 관리 문제는 한국의 제도, 법률에서 큰 틀을 정해 주어야 한다.

한국 기업이 스스로 이것을 시행할 수 있는 제도와 법률이 한국에 있어야 한다. 그리고 그것을 이룰 수 있는 원천인 한국인의 합의가 필요하다. 한국인의 합의에 따른 제도, 법의 제정이 필요하다. 그러기 위해서는 한국인의 합의를 이끌어 낼 수 있는 새로운 이념이 필요하다. '그 이념이 창조 의지이다.'

한국인은 선택해야 한다. 한국 기업을 변화, 개혁시킬 것인가? 아니면 지금처럼 한국 기업이 세계적인 기업과 중국 기업에 밀려 서서히 말라죽게 할 것인가? 한국 기업의 채용 방법을 현재의 외부 충원의 방법으로만 할 것인가? 아니면 기업 스스로 미래의 직원을 육성하는 방법과 현재의 방법을 융합할 것인가?

답은 정해져 있다. 실천만이 남아 있을 뿐이다. 메이저리그 각 구단이 실패의 위험을 두려워하지 않고 미래의 선수를 육성하는 데 투자하는 것이 그것을 명백하게 증명한다. 한국 기업은 직원을 스스로 육성하는 방법과 외부에서 채용하는 방법을 융합해야 한다.

한국 인구 감소를 해결하는
한 가지 방법에 대한 소고

[여기서 사용하는 통계는 통계청이 발표한 자료를 사용했다]

2017년 3월 29일 자 한국은 안보, 경제 등에서 도전에 직면해 있다. 그러나 한국인은 언론을 통하여 이것을 잘 알고 있으며 과거에도 그러했듯이 슬기롭게 극복할 수 있다. 한강의 기적을 만들어낸 한국인의 역량이면 이것을 충분히 극복하고 새로운 도전의 길로 나아갈 수 있다.

한국인이 해결하지 못하는 것이 있다. 그것은 한국 인구가 감소한다는 것이다. 2031년을 정점으로 하여 한국 인구가 감소한다고 일반적으로 예상한다. 그 원인은 출산율 감소에 있다. 정부는 출산율 감소에 대한 문제 해결을 위하여 2005년부터 예산을 투입하고 있으나 이 문제를 해결하지 못하고 있다. 그 결과 2016년 합계출산율은 1.17명이다.

인구가 줄어들면 대외적으로 다른 국가에 대한 영향력이 서서히 약화한다. 인구가 줄어들면 미래 성장동력 약화, 고령화 문제 등으로 한국 경제가 약화되어 한국인의 삶의 양과 질이 나빠진다. 결국, 인구의 감소는 정치, 경제, 사회, 문화에 한국인이 해결할 수 없는 문제를 안겨 줄 것이다.

2017년 3월 29일 자 현재 네이버 검색을 통하여 한국 주변 국가의 인구를 살펴보자(북한은 인구를 확인하기 위하여 살펴본다). 인구순으로 살펴본다.

중국의 인구는 약 1,373,541,278명이다.
미국의 인구는 약 323,995,528명이다.
러시아의 인구는 약 142,355,415명이다.
일본의 인구는 약 126,702,133명이다.
한국의 인구는 약 51,712,221명이다.
북한의 인구는 약 25,115,311명이다.

이것이 한국인에게 가르쳐 주는 것은 한국의 인구가 앞으로도 계속 늘어야 한다는 것이다. 한국의 인구와 북한 주민의 인구를 합하면 약 76,827,532명이다. 이것을 1억 명 이상으로 증가시켜야 한다. 그 이유는 통일된 한반도의 인구가 1억 명은 되어야 주변국과 경쟁할 수 있기 때문이다.

한국의 지역감정, 경제 불황, 세대 간 갈등, 취업 문제, 진보와 보수의 갈등 등의 문제는 인구 감소에 비하면 중요한 일이 아니다. 한국의 안보와 비교해도 그 경중을 가리기 어렵다. 아니 내 주관적인 생각은 안보보다 더 중요한 일이라고 생각한다. 그 이유는 한국의 인구 감소는 한국이 약소국으로 전락하는 지름길이며 약소국은 안보를 포함한 정치, 경제, 사회, 문화에서 강대국의 영향력 아래에 놓이게 되기 때문이다.

그러므로 정부의 국정 과제 중 제일 중요한 위치를 차지해야 하는 것이 출산율 감소에 대한 대책과 해결 방법이다. 출산율 증가를 위해서라면 정부 예산이 과감하게 투입되어야 한다. 출산율 감소 문제를 한국이 해결하느냐 아니면 해결하지 못하느냐는 한국의 운명 나아가서는 한민족의 운명과 연결되어 있다.

인구가 줄어드는 원인은 출산율 감소에 있다. '여성 한 명이 평생 낳을 것으로 예상되는 평균 출생아 수'를 나타내는 '합계출산율'에서 한국은 2014년 1.21명, 2015년 1.24명, 2016년 1.17명이다. 출생아 수는 2014년 43.5만 명, 2015년 43.8만 명, 2016년 40.6만 명이다. 2016년 출생아 수 40.6만 명 중 첫째 아이는 21만 2,900명, 둘째 아이는 15만 2,700명, 셋째 아이 이상은 4만 명이다.

출생아 수를 늘리는 방법으로 내가 생각한 것은 정부에서 지급하는 출산장려금이다. 출산장려금의 액수를 정하는 기준은 합계출산율을 높일 수 있을 만큼의 돈이며, 출산장려금의 목표는 출산율을 높이는 것이다. 출산장려금으로 지급할 금액은 정부 예산, 돈의 가치 등에 대한 사유 끝에 '3천만 원'으로 정했다. 그리고 2016년 합계출산율 1.17명을 도구로 한 사유 끝에 출산장려금의 지급 방법을 정했다.

그 방법은 이러하다. 여성이 첫째 아이를 출산하면 출산장려금은 지급하지 않는다. 여성이 둘째 아이 이상을 출산하면 출산장려금으로 3천만 원을 정부가 지급한다(돈을 지급하는 대상을 출산한 여성, 부부 등 누구로 할 것인가에 대해서는 세부적인 연구가 필요하다). 이 방법은 출산에만 집중되어 있고, 출산 후 양육에 관한 내용은 배제되어 있다. 출산 후 양육의 문제는 현재 시행하고 있는 것을 보완하면 될 것이다.

1년간 정부 예산으로 지급해야 하는 출산장려금을 산출해 보자. 2015년 기준 출생아 수는 43만 8,000명이다. 2015년 기준 합계출산율은 1.24명이다. 합계출산율을 0.25명 증가시키는 데 들어가는 비용을 계산해 보자(2015년 기준 합계출산율 1.24명을 1.25명으로 하여 계산한다).

　43.8만 명 나누기 5는 87,600명이다.

　87,600×30,000,000=2,628,000,000,000원, 약 2.6조 원의 출산장려금이 정부 예산에서 지출된다. 합계출산율을 2.25명으로 증가시키는 데 지출되는 정부 예산은 2.6조×4=약 10.4조 원의 예산이 지출된다.

　자녀를 2명 이상 출산하지 않는 이유를 우리는 잘 알고 있다. 자녀를 낳아서 키우는 데 비용이 많이 들어가기 때문이다. 즉 돈이 없어서 출산을 포기하는 것이다. 정부에서 일시금으로 삼천만 원을 둘째 아이 이상을 출산한 여성, 부부 등에게 준다고 하면 출산을 유도하는 강력한 동기가 될 수 있을까?

　'내가 이 글을 적는 핵심은 이것이다.' 그리고 내 사유의 결론은 '그렇다'이다.

　20대에서 30대 중반의 가임 여성에게 삼천만 원은 적은 돈이 아니며, 둘째의 출산을 망설이는 부부에게 출산을 유도하는 확실한 동기 부여가 될 것이다.

　우리는 둘째 아이를 낳을 때부터 망설이게 된다. 아이를 낳아서 잘 키울 수 있을까? 이런 고민을 부부가 할 때 출산장려금은 복권 당첨과 같은 좋은 기분을 부부에게 줄 것이며, 이것은 아이를 낳는 쪽으로 부부를 유인할 것이다. 우선 당장 돈 3천만 원이 생긴다는 것은 미래에 아이를 키우는 걱정을 상쇄할 수 있다.

'애가 태어나면 자기가 알아서 큰다', '자기 복은 자기가 타고 태어난다'라는 말을 부부는 생각하게 될 것이다(물론 정부에서 다양한 양육 제도를 시행하고 있다).

이 방법 이외에 다른 방법이 없다. 돈이 없어서 자녀의 출산을 못 하니 정부에서 돈을 지원해 주는 방법으로 그 문제를 해결할 수밖에 없다. 정부 예산에서 10.4조 원은 큰돈이다. 그러나 민족의 앞날이 걸려 있는 문제이므로 당연히 정부가 지불해야 한다.

돈이 없어서 자녀 출산이 어렵다면 돈으로 그 문제를 해결하는 수밖에 없다. 돈이 없어서 자녀 출산이 어려운데 돈이 아닌 다른 방법으로 그 문제가 해결되겠는가?

재산이 많은 부부에게 출산장려금 3천만 원은 큰돈이 아니다. 그러나 재산이 적은 부부에게 출산장려금 3천만 원은 큰돈이다. 둘째 아이 이상의 출산을 망설이는 부부 중에서 재산이 적은 부부에게는 둘째 아이 이상을 출산하게 하는 결정적인 요인이 될 수 있다.

이 정책으로 인하여 합계출산율이 1.24명(2015년 기준)에서 2.25명으로 증가시키는 것을 목표로 한다. 2017년 국가 예산은 약 400.5조 원이다. 10.4조 원을 더 투자하면 합계출산율을 1.24명(2015년 기준)에서 2.25명으로 증가시킬 수 있다.

합계출산율을 1.24명(2015년 기준)에서 2.25명으로 증가시키는 것은 목표일 뿐이며, 그 과정 속에서 정부가 투자하는 예산은 10.4조 원 중 일부만 집행될 것이다.

2017년 3월 31일 자로 중장기전략위원회 중장기전략 연구작업반이 발표한 '인구구조 변화에 대응한 중장기 정책과제' 보고서에 따르면 "정부의 저출산 예산은 2006~2010년에는 20조 원, 2011~2015년에는 61조 원, 2016~2020년에는 109조 원이다. 출산율을 높이기 위한 저출산 대책들은 보육지원 강화, 문화·인식 개선 등 일정 부분 성과를 거두었으나, 출산율 회복은 제한적인 모습이며 출산율 회복 지연은 만혼·비혼 증가와 일과 가정 양립이 어려운 환경에 상당 부분 기인한다"라고 적혀져 있다.

이것을 도구로 사유해 본다. 사유의 대상은 인간이다. 인간이 판단하는 순간에 가장 많은 영향을 주는 것은 판단하는 그 순간의 조건이다. '인간은 판단하는 그 순간의 조건을 융합하여 판단한다.'

이것을 출산에 적용하자. 한국은 출산율을 높이기 위하여 2006~2015년까지 81조 원을 투입했다. 1년에 8조 원의 돈이 출산율을 높이기 위하여 투입됐다. 그러나 2016년 합계출산율은 1.17명이라는 통계로 나타났다.

왜 이런 결과가 나타났을까? 판단하는 그 순간의 조건을 융합하여 판단하는 인간에 대한 이해 부족이 이런 결과를 가져왔다고 생각한다. 현재 정부에서 시행하고 있는 제도는 부부가 출산을 결정하게 하는 중요한 요인일까?

아니다. 그것은 미래의 조건이다. '미래의 조건은 출산을 결정하게 하는 판단 조건에서 사실상 배제된다.' 인간은 판단하는 그 순간의 조건을 융합하여 판단하고 행동한다.

둘째 아이 이상의 출산을 망설이는 부부가 둘째 아이 이상의 출산을 결정하는 그 순간 무엇이 그것에 결정적인 영향을 주는가? 돈이다. 그리고 그 돈은 상당한 금액의 돈이어야 한다. 사유를 통하여 그 액수를 적어 본다. '둘째 아이 이상을 출산할 때 정부에서 일시금으로 지급해야 할 출산장려금은 3천만 원이다.'

국가 정통성의 문제에 대한 소고
(대한민국과 북한의 정통성에 대하여)

인류 문명의 정통성과 국가의 정통성에 대하여 사유한다.

인류 문명이라는 큰 산에 올라가면 보이는 것이 많다. 그중에서 가장 인상적인 것은 인류 문명의 진보와 인간의 존엄성을 유지, 발전시키는 주류 이념이다. 그 이념은 인간 존엄성의 근원이며 인류 문명을 진보시키는 원동력인 자유 의지, 평등 의지이다.

'인간 존엄성의 근원이며 인류 문명을 진보시키는 자유 의지, 평등 의지는 인류 문명의 정통성이다.'

그 이유는 자유 의지와 평등 의지를 법률화, 제도화, 일반화, 도덕화하는 과정 속에서 인류 문명이 진보되었고, 자유 의지와 평등 의지가 인간의 존엄성을 유지, 발전시키는 역할을 하기 때문이다.

'국가는 인류 문명의 구성원이다. 그러므로 인류 문명의 구성원인 각 국가의 정통성은 인류 문명의 정통성에 근거하여 판단되어야 한다.'

각 국가가 무슨 논리와 증거를 바탕으로 자국의 정통성을 주장한다고 해도 그것은 인류 문명의 정통성과 일치되어야 한다. 각 국가가 인류 문명의 정통성인 자유 의지, 평등 의지를 법률화, 제도화, 일반화, 도덕화하지 못한다면 그 국가는 자국의 정통성을 주장할 수 없다. 그것은 국가 속에서 특정 집단의 이익을 위한 논리의 전개에 지나지 않는다.

선진국은 국가의 정통성 문제에서 벗어나 있다(물론 자본주의 체제의 불평등은 인정한다. 그러나 완전한 평등은 만들 수 없다. 이것은 인간의 운명이다). 그것은 선진국이 이미 자유 의지, 평등 의지를 법률화, 제도화, 일반화, 도덕화시키고 현실에서 적용하고 있기 때문이다.

대한민국과 북한의 정통성에 대하여 사유한다.
대한민국은 자유 의지, 평등 의지를 법률화, 제도화, 일반화, 도덕화시켜 현실에서 적용하고 있다(물론 선진국과 비교하여 부족한 면이 있다. 그리고 자본주의 체제의 불평등은 인정한다. 그러나 완전한 평등은 만들 수 없다).
또한, 대한민국의 문명은 문화의 중력(뒷장 문화의 중력 정의 참고)이 거의 없기에 선진국 문명을 뛰어 넘을 수 있는 충분한 가능성도 갖고 있다. 이것을 통해서 나는 대한민국의 미래를 본다. 산불이 꺼진 재만이 남은 산에서 새로운 생명에 대한 희망을 보듯이, 타국에 의하여 문화의 중력이 거의 없어진 대한민국에서 나는 가능성과 미래를 본다.

북한은 북한 주민의 자유 의지를 억압, 통제하고 있다. 즉 제한적인 자유만이 있다. 북한은 평등 이념이 지배하는 공산주의 국가다. 그러나 북한의 평등은 북한 체제의 왕조적 성격과 체제 유지를 위한 독재적 성격으로 인하여 물질적, 정신적 평등이 제한적으로 주어진다.

북한은 북한 주민에게 자유 의지를 극히 제한적으로 허용한다. 북한은 북한 주민에게 평등 의지를 제한적으로 허용한다. 이것은 인류 문명의 정통성과는 어긋나는 것이다. 그러므로 북한은 정통성이 없다.

대한민국은 자유 의지, 평등 의지를 법률화, 제도화, 일반화, 도덕화시켜 현실에서 적용하고 있다. 이것은 인류 문명의 정통성과 일치하는 것이다. 그러므로 대한민국은 정통성이 있다.

대한민국과 북한 사이에 정통성을 두고 벌어지는 갈등에 대한 주관적인 사유의 결론은 이러하다. '대한민국에 정통성이 있다. 대한민국의 정통성은 인류 문명의 정통성과 일치한다.'

'북한에는 정통성이 없다. 북한이 주장하는 정통성은 인류 문명의 정통성과는 어긋나는 것이다.'

'북한에 있는 유일한 부는 토지이다.' 토지 이외에 북한 주민에게 나누어 줄 수 있는 부는 없다. 그러므로 통일 이후 북한 땅은 북한 주민에게 분배되어야 한다

:: 전제 ::

북한 주민에게 분배할 수 있는 북한의 부 중 토지만을 사유의 대상으로 한다.

대한민국과 북한이 통일되면 한국인과 북한 주민 사이에 이질감이 상당할 것이다. 분단의 시간 속에서 북한 주민은 공산주의 이념을, 한국인은 자본주의 이념을 교육받았다. 그 교육은 북한 주민은 자본주의를, 한국인은 공산주의를 부정하는 교육이었다. 그러므로 다른 한쪽의 이념을 한국인과 북한 주민이 쉽게 받아들이는 것은 어렵다. 그것을 극복할 수 있는 대안으로써 새로운 것에 의한 혼합적이며 진보적인 그 무엇이 필요한데, 그 완충적이며 통합적인 역할을 지금까지 한국인과 북한 주민이 처음으로 접하는 '창조 의지'의 이념이 할 수 있을 것이다.

분단을 극복하고 한반도의 통일을 생각한다면 대한민국은 통일을 준비해야만 한다. 대한민국과 북한의 체제 경쟁은 이미 끝났다. 대한민국에 의한 흡수 통일만이 유일한 선택이라면 한국인

은 통일을 준비해야 한다.

무엇을 준비할 것인가? 열정, 헌신, 신념만으로 통일을 준비하기에는 현실은 너무도 차갑다. 대한민국의 자유민주주의와 자본주의 체제에 의한 통일은 현실이며, 북한 주민은 대한민국의 제도, 법률, 도덕, 가치관을 그대로 받아들여야 한다. 그러나 통일 이후 그것에 대한 북한 주민의 반감은 클 것이다. 통일 이후 북한 주민의 반감을 줄이기 위하여 북한 주민에게 줄 수 있는 큰 선물이 필요하다.

그것이 무엇일까? '내 생각에 그것은 북한의 토지이다.'

통일 이후 북한에 있는 부의 분배에 의하여 북한 주민의 삶의 양과 질이 영향을 받는다면, 북한 주민에 대한 부의 분배는 통일을 준비하는 한국인의 주된 관심사가 되어야 한다.

북한의 부에는 무엇이 있는가? '북한에 있는 유일한 부는 토지이다.' 그러므로 한국이 북한의 토지 이외에 북한 주민에게 나누어 줄 수 있는 부는 없다.

'통일 후 북한 주민의 삶의 양과 질을 최소한 보장할 수 있는 유일한 부는 토지이다.' 그러므로 북한 땅은 북한 주민에게 분배되어야 한다. 한국인이 소유하고 있는 부의 70%가 부동산이라는 것은 북한 땅의 분배가 얼마나 중요한 것인지를 증명한다.

북한의 토지 분배에 대한 명백한 방안이 준비되어야 한다. 그것은 최소한 통일 이전에 북한의 토지 분배에 대한 대한민국의 법률이 정비되어 있어야 한다는 것을 의미한다. 북한의 토지 분배에 대한 대한민국의 법률이 정비되지 않은 상태의 통일은 북한 주민의 통일에 대한 거부감과 한민족에게 엄청난 통일 비용이라는 미래의 불확실성을 가져다줄 것이다.

물론 북한의 토지 분배에 대한 한국의 법률이 정비되어도 북한 주민의 통일에 대한 거부감은 있을 것이고 통일 이후의 혼란도 피할 수 없을 것이다. 그러나 북한 주민에게 줄 수 있는 부에 대한 최소한의 확실성을 북한 주민에게 알려주는 데서 오는 경제적 안정감은 통일 이전에는 북한 주민에게 통일에 대한 기대감을, 통일 이후에는 정세를 긍정적인 방향으로 이끌어 나가는 데 도움을 줄 것이다.

엄청난 통일 비용에 대한 불안감은 한국인에게 통일에 대한 반대 여론을 형성하게 하여 통일을 반대하는 한국인도 적지 않은 것이 한국의 차디찬 현실이다.

이 불안감은 어디에서 오는가? 그것은 독일식 통일의 엄청난 비용을 잘 알고 있는 한국인이 통일 이후 북한 주민을 도와줄 수 있는 국력이 대한민국에 있는지 회의적이기 때문이다.

이 불안감을 줄일 수 있는 방안이 있다. 그것은 한국이 창조 의지를 법률화, 제도화, 일반화, 도덕화하는 과정 속에서 한국의 정치, 경제, 사회, 문화 등을 개혁, 혁신하는 것이다. 그리고 그 과정 속에서 발생하는 한국의 급격한 국력 신장이 한국인의 통일에 대한 불안감을 해소하는 데 결정적 역할을 할 것이다.

통일을 바라보는 북한 주민의 생각은 무엇일까?(소수의 북한 기득권 집단은 통일을 원하지 않을 것이다. 이들을 배제하고 사유해 본다)

통일 이후에 북한 주민 앞에 나타나는 삶의 양과 질을 생각할 것이다. 통일 이후에 삶의 양과 질이 명백하게 나아진다면 북한 주민은 당연히 통일을 원할 것이다. 문제는 통일의 주체인 대한민국이 그런 보장을 하지 못하고 있다는 것이다. "통일은 대박이다"라는 말처럼 추상적이며 막연하게 통일에 대한 입장을 대한민국이 말하면 북한 주민은 통일 이후에 자신들이 처할 상황에 대하여 불안한 마음을 갖게 될 것이다. 북한 주민의 그런 불안을 해소하는 방법은 대한민국이 북한 주민에게 해줄 수 있는 그 무엇을 법률화하는 것이다.

대한민국이 북한 주민에게 해 줄 수 있는 것은 무엇인가? 현재 대한민국이 실질적으로 하는 유일한 것은 통일 비용의 조성이다. 그러나 이것도 현실적으로 사실상 조성되지 않고 있다. 그 이외는 통일 상황이 일어나는 그 시점의 한국인에게 미루고 있다. 이것은 북한 주민에게 통일 이후 얻을 수 있는 것을 명확하게 제시하는 것이 아니다. 이것은 북한 주민에게 통일 이후 개개인이 각자 알아서 살라는 것이다. 이것은 북한 주민이 통일을 원할 수 있는 그 무엇이 없다는 것이다.

현재 대한민국 경제는 어렵다. 그러한 상황에서 대한민국이 북한 주민에게 해줄 수 있는 것에는 당연히 한계가 있다. 그러나 북한 땅은 다르다. 북한 땅은 대한민국의 상황과는 상관없는 것이기 때문이다.

한국인이 갖고 있는 부의 70%가 부동산이다. 이것이 의미하는 것은 매우 크다. 북한 땅은 북한인의 삶의 양과 질을 최소한 보장해 주는 안전판이 될 것이고, 그것은 북한 주민이 대한민국에 의한 흡수 통일을 지지하게 해주는 강력한 동기 부여가 될 것이다.

'대한민국은 북한 땅을 북한 주민에게 분배하는 법을 제정하여야 한다.' 그것은 현재 대한민국이 북한 주민에게 경제적으로 줄 수 있는 유일한 최선의 선물이다. 그리고 이것은 북한 주민에게 대한민국에 의한 흡수 통일을 지지하게 해 주는 강력한 동기 부여가 될 것이다.

북한에서 선택받은 평양에 사는 한 가구에 대하여 생각해 보자. 4인 가족이 24평형 아파트에 살고 있다. 그리고 최소한의 옷과 식료품 등이 지급되고 있다. 인간은 누구나 갖고 있는 것을 유지하고자 하는 욕망이 있으므로 그들은 통일 이후에도 이 정도의 생활은 지속되기를 원한다.

북한 주민의 통일에 대한 합리적인 생각을 대한민국이 원한다면 그것에 대한 답을 4인 가족에게 주어야 한다. 공허하거나 추상적인 것이 아닌 현실적이고 실질적인 대한민국의 답을 4인 가족에게 주어야 한다. 그리고 대한민국의 답에 어느 정도 만족한다면 4인 가족의 통일에 대한 생각은 분명히 합리적으로 변할 것이다. 이것은 한반도를 통일시키는 매우 중요한 요인이 될지도 모른다.

인류 문명에 축적된 지식,
기술은 인간, 책, 컴퓨터 등으로
축적 상태를 유지한다

지금 이 순간에도 개인에 의하여 새로운 지식, 기술이 발생한다. 그리고 그것은 문명이 포함하고 있는 지식, 기술에 축적된다. 문명에 축적된 지식, 기술은 인간, 책, 컴퓨터 등에 의하여 축적 상태를 유지하고, 인간, 책, 컴퓨터 등에 의하여 다른 지역으로 연결된다.

문명에 축적된 지식, 기술은 인간, 책, 컴퓨터 등이 모두 소멸되어 단절된다면 그 문명에 축적된 지식, 기술은 영원히 사라진다. 그러나 문명에 축적된 지식, 기술이 인간, 책, 컴퓨터 등에 남아 있는 한 축적된 지식, 기술은 소멸되지 않고 남아 있게 된다.

과거 인류의 역사 속으로 들어가 보자. 문명이 멸망(고대 그리스 아테네, 로마 등)되어도 멸망된 문명의 지식, 기술을 이어가는 인간과 멸망된 문명의 책에 의하여 소멸되지 않고 남아 있는 지식, 기술은 다른 문명의 개개인에게 연결되어 학습된다. 멸망된 문명의 지식, 기술을 학습하여 이어가는 다른 문명의 개개인에 의하여 그것은 소멸되지 않고 축적되며, 그 개개인에 의하여 축적된 지

PART 2

인류 문명이 지식, 기술을
축적하는 방법에 대하여

문화의 중력은 많은 지역 간 분쟁의 원인이 된다.
문화의 중력을 단절시키는 유일한 길은 교육의
학습 내용을 인류 문명의 진보 속에서 알아낸
이성적, 상식적, 일반적인 것으로 하여 세대 간
이어지는 문화의 중력을 단절시켜야 한다

인간은 태어난 곳에서 운명적으로 그 지역의 문화를 접하게 된다. 그리고 자신의 의지와는 상관없이 그 지역의 문화를 환경, 교육 등을 통하여 그대로 받아들이고 그 지역이 원하는 인간으로 만들어진다. 이것은 인간 개개인의 운명이다.

현재 세계 모든 지역에는 문화의 중력이 존재한다. 선진국에도 문화의 중력은 존재한다. 중진국, 후진국에도 문화의 중력은 존재한다. 문화의 중력이 작용하는 정도의 차이가 있을 뿐이다. 그 정도의 차이가 선진국, 중진국, 후진국을 나누는 기준 중 하나로 작용하고 인간의 존엄성, 자유 의지, 평등 의지 등 인간 삶의 양과 질을 결정하는 중요한 역할을 한다. 문화의 중력이 강할수록 인간의 삶은 억압, 통제된다. 이것은 정치, 경제, 사회, 문화 등 모든 것이 억압, 통제된다는 것을 의미한다.

각 국가의 문화는 종교, 관습, 전통이라는 문화의 중력을 갖고 있다. 각 국가마다 문화의 특수성을 갖고 있다는 이유로 문화의 중력은 당연히 행사되고 있다. 그리고 각 국가에서는 문화의 중력에 의한 일부 문화의 특수성이 구성원에게 이성화, 일반화, 상식화되어 있다.

인간의 이성에 바탕을 둔 상식적인 선에서 각 국가의 일부 문화의 특수성을 극히 좁은 부분에서 인정하는 것은 그 국가에서는 옳다고 생각한다. 내가 그렇게 생각하는 이유는 그 시대, 그 시점에 각 국가에서 살아가고 있는 인간을 즉시 변화시킬 수는 없기 때문이다. 인간의 변화에는 시간이 필요하다. 그러하기에 그 시대, 그 시점에 설사 그 국가의 문화가 악한 요소를 갖고 있다 할지라도 그 국가 문화의 특수성을 인정할 수밖에 없다.

그러나 각 국가에서 일부 문화 특수성의 인정이 당연시되어 시대를 초월하여 이성화, 일반화, 상식화되어서는 안 된다. 그러므로 그것에 대한 인정은 그 시대, 그 시점에 국한되어야 한다. 그 이유는 종교, 관습, 전통이라는 이유로 인간의 이성과 상식에 반하는 것이 명백하지만 인간의 악한 요소에 기대어 인간을 계속적으로 억압, 통제하기 때문이다. 이것을 단절시키고 타파해야 한다. 그리고 그 역할은 국가가 해야 한다.

문화의 중력은 각 국가의 독특한 특수성으로 나타난다. 그리고 이러한 특수성은 집단의식으로 나타나 다른 국가를 혐오하는 등의 현상으로 표출되어 많은 국가 간 분쟁의 근본적인 원인을 제공한다.

문화의 중력은 이성적, 상식적, 일반적인 인간의 생각을 억제하고 종교, 관습, 전통의 내용 중 악한 요소에 인간을 복종하게 하

는 역할을 한다. 그리고 인류 문명이 진보하면서 알아내고 얻어
낸 인간의 이성적 사고, 판단을 무력화시키는 역할을 한다.

이러한 문화의 중력을 단절시키는 방법은 무엇인가? 교육, 환경
등을 통하여 세대 간 이어지는 문화의 중력을 단절시키는 유일
한 길은 세대 간 이어지는 '교육 내용의 변화'를 통하여 단절시키
는 것이다.

교육을 통한 학습 내용을 인류 문명의 진보 속에서 알아낸 이
성적, 상식적, 일반적인 지식으로 교육하여 세대 간 이어지는 문
화의 중력을 단절시켜야 한다. 문화의 중력은 특정 지역 구성원
에 의하여 이어지므로, 교육 내용의 변화를 통하여 종교, 관습,
전통 중에서 악한 요소가 구성원 간에 연결되는 것을 단절시켜
야 한다.

그러나 이러한 교육 내용의 변화를 통한 문화의 중력을 단절시
키는 것은 매우 어려운 일이다. 그 이유는 외부의 충격 없이는 사
회 구성원이 내부적, 자발적으로 문화의 중력을 단절시킬 필요성
을 못 느끼고, 설사 극히 일부의 구성원이 그 필요성을 느낀다고
해도 그 힘으로는 문화의 중력을 단절시킬 수가 없기 때문이다.

세계사를 통해서 문화의 중력이 단절되는 원인을 살펴보자. 그
것의 대부분은 전쟁과 정복에 의한 문화의 중력 단절이다. 이것
은 문화의 중력을 단절시키는 것이 얼마나 어려운 것인지를 명백
하게 증명한다.

지금은 이러한 방식이 적용되지 않으므로 '교육 내용의 변화를
통한 세대 간에 문화의 중력이 이어지는 것을 단절시키는 것만

이 유일한 길'이다. 그러나 그것은 매우 어려운 일이다. 교육은 기존 문화의 중력 내에 있는 구성원에 의하여 이루어지므로, 교육 내용의 변화를 통한 단절은 그들을 설득해야만 가능한데 그들을 설득하는 것은 어려운 일이다.

현재 세계는 많은 분쟁이 진행 중이다. 중동 등에서 일어나는 분쟁이 대표적이다. 분쟁의 원인은 여러 가지다. 분쟁의 원인을 제공하는 요인 중 가장 중요한 요인은 문화의 중력이다. 중동은 종교라는 문화의 중력이 작용하여 분쟁을 끝없이 만들어내고 있다.

이러한 분쟁 해결의 유일한 길은 세대 간 이어지는 문화의 중력을 새로운 세대에 대한 교육 내용의 변화를 통하여 단절시키는 것이다. 인간의 이성에 기반을 두어 인류 문명의 진보 속에서 알아낸 이성적, 상식적, 일반적인 지식으로 새로운 세대를 교육하여 세대 간 이어지는 문화의 중력을 단절시키는 것이 현재 세계에서 진행 중인 많은 분쟁을 종식하는 유일한 길이다.

인류 역사 속에서 인간은 인간 정신을 구성하는 요소 중 선한 요소를 원천으로 문화의 중력에 맞서 싸웠고, 그 과정 속에서 자신은 문화의 중력을 거부 못 해도 자신의 후손은 문화의 중력을 거부하게 했다.

자기와 생각, 신념, 종교 등이 동일한 사람을
좋아하는 인간의 본능이 문화의 중력을
유지시키는 근원이라고 생각한다

인간은 지식, 기술을 배우고 익히는 학습 능력이 있다. 인간은
교육, 경험 등의 방법에 의하여 지식, 기술을 축적한다. 인간은
자신이 아는 지식, 기술의 범위 내에서 생각하고 판단한다. 인간
은 알지 못하는 것에 대해서는 생각할 수 없다. 교육, 경험 등의
방법에 의하여 축적된 지식, 기술은 개인의 생각과 판단에 영향
을 미치고 그의 삶을 지배하게 된다.

이것을 기반으로 문화의 중력을 유지시키는 인간의 본능에 대
하여 생각한다. 인간은 학습 능력을 통하여 지식, 기술을 축적한
다. 인간은 학습하는 과정 속에서 고통을 느낀다. 학습은 인간
을 억압하고 통제하는 속에서 이루어지기 때문이다. 학습은 필
연적으로 강제성을 수반한다. 강제성은 인간의 자유 의지와 충
돌하고 그 과정에서 인간은 고통을 느낀다. 인간은 그 고통을 받
지 않기 위하여 새로운 지식, 기술을 학습하는 것에 대한 거부감
을 나타낸다.

학습은 인간을 억압하고 통제하는 속에서 이루어지고 그것은

인간에게 고통으로 다가오기에, 그 고통을 회피하기 위하여 인간은 기존의 지식, 기술을 고수하려는 성향을 나타낸다. 학습되고, 익숙하며, 숙련된 것을 버리고 새로운 것을 배우는 데서 오는 공포, 괴로움 등이 새로운 지식, 기술을 학습하는 것에 대한 거부감으로 나타난다.

인간은 원시시대부터 무리 생활을 했다. 약육강식이 지배하는 원시시대에 무리에서 떨어진다는 것은 죽음을 의미한다. 그것에서 오는 두렵고 무서운 감정은 지금도 인간을 지배하고 있다. 그러므로 인간은 집단 속에서 편안함, 안락감 등을 느낀다.

이것을 기반으로 해서 다음으로 나아간다. 자기와 생각, 신념, 종교 등이 동일한 사람을 인간은 본능적으로 좋아한다. 그리고 그들과 어울려 살기를 원한다. 자기와 생각, 신념, 종교 등이 동일한 사람을 좋아하는 인간의 본능이 문화의 중력을 유지시키는 근원이라고 생각한다.

북아메리카 대륙에서 미국이 성공할 수밖에 없었던 중요한 이유 중 하나는 종교를 제외한 '문화의 중력' 단절에 있다

미국의 역사는 1620년 청교도 102명이 메이플라워호라는 배를 타고 북아메리카 대륙에 상륙하면서부터 시작되었다. 그 당시 북아메리카 대륙에 존재하는 유일한 문명은 인디언 문명이었다. 인디언 문명은 국가의 형태를 갖추지 못한 수준의 문명이었다. 그 당시 북아메리카 대륙에 존재했던 인디언 문명은 서유럽의 문명과 비교하면 후진적인 문명이었다. 북아메리카 대륙으로 이주해 온 유럽인에게 인디언 문명은 그 어떤 영향도 주지 못했다. 북아메리카 대륙에서 유럽인은 인디언 문화에서 표출되는 문화의 중력을 전혀 느끼지 못했다. 유럽인에게 북아메리카 대륙은 사실상 문화의 중력이 없는 진공 상태 그대로였다.

북아메리카 대륙에서 유럽인에게 영향을 준 유일한 것은 자신들이 살다가 온 서유럽 문명의 문화였다. 즉 미국 문명은 서유럽 문명의 연결이었다. 그러나 명백하게 미국 문명이 서유럽 문명과 다른 점이 세 가지 있었다.

왕, 귀족, 평민, 노예로 상징되는 신분제 사회가 북아메리카 대륙에는 없었고, 북아메리카 대륙의 유럽인은 자유를 찾아 유럽에서 북아메리카 대륙으로 이주했으므로 개개인의 자유 의지에 대한 열망이 그 당시 유럽인보다 상당히 강했고, 북아메리카 대륙은 말 그대로 땅이 엄청나게 큰 대륙이었다.

이것이 그 당시 북아메리카 대륙에 도착한 유럽인의 현실이었다. 이런 현실 위에서 유럽에서 이주해 온 유럽인에 의하여 북아메리카 대륙 위에 미국이 건국되고 발전되었다.

이 세 가지는 미국을 이해하는 데 중요한 것이다. 이 세 가지가 미국이 태생부터 갖고 있던 무한한 가능성이기 때문이다.

종교의 자유를 찾아 북아메리카 대륙으로 이주해 온 유럽인이 믿고 있던 종교에 대한 문화의 중력을 제외하고는 기존의 북아메리카 대륙의 문화에서 표출되는 문화의 중력은 북아메리카로 이주해 온 유럽인에게는 적용되지 않았다. 그 당시 북아메리카 대륙은 미국의 건설에서 완전히 배제된 인디언 문화만이 존재했다. 이것은 유럽에서 북아메리카 대륙으로 이주해 온 유럽인에게 기존의 문화의 중력은 없다는 것을 의미했다.

유럽인의 종교에 대한 문화를 제외하고는 서유럽의 문화에서 표출되는 문화의 중력은 북아메리카 대륙에서는 사실상 단절되었다. 이 단절은 종교를 제외하고는 문화의 중력이 배제된다는 것을 의미하며, 종교를 제외하고는 문화의 중력이 없는 북아메리카 대륙에서 그 지역의 구성원이 된 유럽인의 자유 의지대로 새로운 문화를 건설할 수 있다는 것을 의미했다.

종교의 자유를 찾아 북아메리카 대륙에 온 유럽인이 가지고 있던 종교에 대한 자유의 정신 등을 이어받은 미국인은 문화의 중력이 단절된 북아메리카 대륙에서 그들의 신념대로 자유 의지를 기초로 미국을 건설할 수 있었다.

미국은 독립전쟁 후에는 문화의 중력의 영향을 받는 서유럽과는 다르게 발전하였다. 미국은 북아메리카 대륙에서 자유 의지를 법률화, 제도화, 일반화, 도덕화시키는 과정 속에서 자유 의지를 바탕으로 한 미국을 건설하였다. 이후 자유 의지를 바탕으로 한 미국은 전 세계 문명의 핵심이 되어 인류 문명을 이끌어 나가고 있다.

내가 생각하는 미국을 성공시킨 핵심적 요소는 북아메리카로 이주해 온 유럽인이 자유 의지를 바탕으로 미국을 건설하고 발전시키는 과정 속에서 종교를 제외하고는 문화의 중력이 거의 작용하지 않았다는 데 있다. 북아메리카 대륙으로 이주한 유럽인은 종교를 제외한 '문화의 중력'의 단절 속에서, 북아메리카 대륙이라는 거대한 백지 위에 자유 의지라는 물감으로 지금의 미국이라는 멋진 그림을 그린 것이다.

개인의 창조력, 창의력에 영향을 주는 것은
국가에 의하여 주도되는 교육과 개인을 둘러싸고
있는 문화이다. 그것에 변화를 주는 것만이
개인의 창조력, 창의력에 영향을 줄 수 있는
유일한 길이다

:: 전제 ::

여기서 '문화'라는 명사는 일반적인 문화의 뜻으로 사용한다.

최고의 교육 제도와 개인의 창조력, 창의력을 발전시킬 수 있는 문화를 가지고 있는 국가가 인류 문명을 이끌어 왔다.

역사를 살펴보면 고대 그리스 아테네, 로마제국, 중국 당나라 등이 그러했다. 현재는 세계 최고의 교육 제도와 개인의 창조력, 창의력을 발전시킬 수 있는 문화를 가지고 있는 미국이 세계 문명을 이끌고 있다. 초강대국 미국의 성공 비결 중 가장 핵심적 요소는 여기에 있으며, 이것은 강대국이 되고 싶어 하는 다른 국가의 성공 비결에도 그대로 적용된다.

최고의 교육 제도와 개인의 창조력, 창의력을 발전시킬 수 있는 문화를 갖고 있지 못한 국가는 어떠한 경우에도 인류 문명을 이끌어 나갈 수 없다.

개인을 둘러싸고 있는 문화는 인간의 가치관, 인생관, 세계관에 영향을 준다. 그리고 그 문화가 품고 있는 것들에 따라 개인의 창조력, 창의력은 영향을 받는다.

인류 역사를 살펴보면 기독교, 불교, 이슬람교, 유교 문화를 숭상하는 국가는 인간이 태어나면서부터 그 국가 문화에 맞는 옷을 강제로 만들어준다. 중세 유럽의 국가, 중세 중동의 국가, 조선 등이 그러했다. 그리고 그 국가들은 구성원에게 그 국가가 갖고 있는 문화의 옷을 입으라고 강요한다.

그 국가에 태어난 너무 어리고 나약한 인간은 그것을 거부하지 못하고 자연스럽게 그 문화의 옷을 받아들이고, 그 문화의 옷을 입고, 시간이 흘러간 뒤에는 그 문화의 옷에 맞는 삶을 살아가고, 결국에는 그 문화의 옷을 지키는 국가 구성원이 된다. 이것이 특정 종교를 숭상하는 국가에 태어난 인간의 운명이다.

특정 지역 어느 국가에서 태어났는가에 따라 개인의 창조력, 창의력은 영향을 받는다.

공산주의 국가는 공산주의라는 또 다른 형태의 옷을 인간에게 주어 인간의 자유 의지와 창조력, 창의력을 억압하였기에 자본주의와의 경쟁에서 몰락할 수밖에 없었다.

자본주의 국가는 자유 의지를 받아들여 국민에게 문화의 옷을 입지 않을 수 있는 선택의 권리를 공산주의 국가에 비해서는 상대적으로 많이 주었기에, 국민 개개인의 창조력, 창의력이 공산주의 국가의 국민에 비하여 상대적으로 많이 현실화되었다. 그러하기에 현재 세계의 국가들은 자본주의와 자유 민주주의 체제를 합친 국가의 형태로 나아가고 있다.

개인의 창조력, 창의력에 영향을 주는 것은 국가에 의하여 주도되는 교육과 개인을 둘러싸고 있는 문화이다. 그것에 변화를 주는 것만이 개인의 창조력, 창의력에 영향을 줄 수 있는 유일한 길이다.

어떻게 변화를 줄 것인가? 교육 제도, 교육 방법을 개인의 창의력, 창조력이 증진되는 쪽으로 개혁하고, 교육 내용의 변화를 통하여 개인의 창의력, 창조력을 방해하는 문화의 중력을 단절시켜야 한다.

미래는 인간의 창조력, 창의력을 극대화하기 위하여 인간 정신을 구성하는 요소 중 하나인 창조 의지를 법률화, 제도화, 일반화, 도덕화시키는 과정을 거치게 될 것이다.

그 과정 속에서 현재 인류 문명이 갖고 있는 많은 문제점 중 일부가 해결될 것이다. 근대 이후 서유럽과 미국에서 자유 의지, 평등 의지를 법률화, 제도화, 일반화, 도덕화하는 과정 속에서 그러했듯이.

인류 문명은 인간 정신을 구성하는 요소 중
인간 정신 속에 내재되어 있는 자유 의지,
평등 의지를 법률화, 제도화, 일반화,
도덕화시키는 과정 속에서 진보하였다

인류 문명에 대한 여러 가지 생각을 정리하기 위한 방법의 하나는 생각하고 있는 것을 단순화시키는 것이다. 나의 단순화 방법은 신과 자연을 배제하고 인간만을 남겨놓고 인간만으로 모든 것을 생각하는 것이다.

인류 문명을 단순화시켜 보자. 방법은 인간만 남겨두고 나머지는 배제하는 것이다. 인류 문명에서 신과 자연을 배제하면 인간만이 남는다. 그렇게 되면 신과 자연이 배제된 인류 문명에서 인간이 모든 것이며 인류 역사의 시작이자 끝이 된다.

문명 구성원 1명의 변화가 문명 변화의 시작이다. 문명 구성원 개개인이 변화하기 시작하면 문명이 변화하기 시작하고 문명 구성원이 변화하지 않으면 문명도 변화하지 않는다. 모든 문명 변화의 시작은 문명 구성원 개개인의 변화로부터 시작된다.

인간 정신을 구성하는 요소 중 자유 의지, 평등 의지를 인간 정신의 내면에서 끌어내 법률화, 제도화, 일반화, 도덕화시키면

PART 1

인간 정신을 구성하는 요소인
자유 의지, 평등 의지와
인류 문명의 진보에 대하여

공산주의 국가가 개인의 창조 의지를 자유민주주의 국가와 비교하여 상대적으로 많이 억압한다는 것을 의미한다.

　자유민주주의 국가는 자유 의지를 기반으로 하여 사회 구조를 만들었다. 그러므로 개인의 선택을 존중하는 문화가 법률화, 제도화, 일반화, 도덕화되어 있다.
　개인의 선택, 의지, 결정 등을 존중하는 자유민주주의 국가의 문화는 개인의 창조 의지가 창조력, 창의력으로 나아가고, 창조력, 창의력은 지식재산권과 물체로 현실화되는 것에 좋은 환경을 제공한다.

공산주의 국가는 평등 의지, 집단적 성격에 기초하여 사회 구조를 만들었기에 자본주의 국가와 비교하여 개인의 창조력, 창의력은 억압되어 약화된다. 그것은 자본주의 국가와 비교하여 지식, 기술의 발달 약화로 나타나고 공산주의 국가와 자본주의 국가의 체제 경쟁은 자본주의 국가의 승리로 끝났다

내가 대학교에 입학하여 '경제학개론'이라는 과목을 수강했을 때 교수님이 질문하고 싶은 사람은 질문하라고 해서 이런 질문을 했던 기억이 난다.

"공산주의 국가가 몰락한 이유는 무엇인가요?"

교수님은 대답을 못 했다. 당연히 못 했을 것이다. 지금 생각에도 너무나 포괄적인 질문이기 때문이다.

공산주의 국가가 몰락한 이유에 대하여 현재의 내가 사유해 본다. 사유의 대상은 인간이다. 결국, 인간이 모든 것이기 때문이다.

공산주의 국가는 자본주의 국가와 치열한 경쟁을 벌였다. 두 체제 간의 경쟁은 정치, 경제, 사회, 문화 등 모든 부문에서 이루어졌다.

이 모든 부문을 진보시키는 원천은 무엇인가? 그것은 개인의 창조력, 창의력이다. 개인의 창조력, 창의력이 모여 정치, 경제, 사

회, 문화 등 모든 부문을 진보시키기 때문이다. 80여 년에 걸친 두 체제 간의 승패는 공산주의 국가와 자본주의 국가 중에서 어느 체제가 상대적으로 많이 개인의 창조력, 창의력을 발전, 증진시키는 체제인가에 따라서 결정되었다.

자유민주주의를 받아들인 자본주의 국가가 공산주의 국가와 비교하여 개인의 창조력, 창의력을 발전, 증진시키는 데 유리한 체제였다. 결국, 자본주의 국가가 승리하였다. 그리고 전 세계의 국가가 자본주의를 받아들였다. 그것은 자유민주주의를 받아들인 자본주의 국가가 공산주의 국가와 비교하여 상대적으로 많이 개인의 창조력, 창의력을 증진, 발전시키는 체제라는 것을 명백하게 증명한다.

공산주의 이론은 인간의 평등 의지를 기반으로 하여 만들어진 이론이다. 그러하기에 평등과 집단성을 기초로 하여 사회, 국가의 제도, 법률, 문화 등을 만든다.

공산주의 국가는 평등과 집단성을 기반으로 하여 제도, 법률, 문화를 만들고, 그것은 개인의 창조 의지를 억압하는 쪽으로 작용하여 자본주의 국가와 비교하여 개인의 창조력, 창의력은 상대적으로 많이 억압되어 약화된다.

공산주의 국가의 평등과 집단성을 기초로 한 제도, 법률, 문화는 자본주의 국가와 비교하여 개인의 창조 의지를 상대적으로 많이 억압하여 창조력, 창의력을 약화시키고, 그것은 자본주의 국가와 비교하여 지식, 기술의 진보에 대한 약화로 나타났다.

공산주의 국가는 평등과 집단성을 기초로 한 제도, 법률, 문화에 의하여 자본주의 국가와 비교하여 상대적으로 많이 개인의 창조력, 창의력을 억압하였고, 그 억압으로 지식, 기술의 발달은 자본주의 국가 체제하의 지식, 기술의 발달에 미치지 못하게 되고, 서서히 자본주의 국가와 비교하여 지식, 기술의 격차가 벌어지게 되었다. 그것의 영향으로 결국 자본주의 국가와 치열하게 싸웠던 체제 경쟁에서 공산주의 국가는 패하게 되었다.

인간은 지식, 기술의 진보를 통해서 삶의 양과 질을 향상시킬 수 있다. 그리고 지식, 기술의 진보는 개인의 창조력, 창의력에서 나온다. 공산주의 국가는 지식, 기술을 발전시키는 원천인 인간 개개인의 창조 의지를 자본주의 국가와 비교하여 상대적으로 많이 억압했다. 그것은 자본주의 국가와 비교하여 개인 창조력, 창의력의 약화로 현실화되어 나타나고, 공산주의 국가의 지식, 기술의 발전은 자본주의 국가와 비교하여 약화되었다.

자본주의 국가와 비교하여 공산주의 국가의 지식, 기술의 발전이 약화되면 자본주의 국가의 국민과 비교하여 공산주의 국가 국민의 삶의 양과 질은 뒤처지게 된다. 공산주의 국가 체제하의 국민들이 자본주의 국가 체제하의 국민보다 잘살지 못하는 이유가 여기에 있다.

자본주의 국가 체제와 비교하여 상대적으로 많이 지식, 기술의 발전이 약화되는 공산주의 국가 체제의 한계성은 자본주의 국가 체제와 치열하게 싸웠던 경쟁에서 패한 가장 중요한 원인이다.

한국의 경제 발전 과정 속에서 나타나는 한민족의 민족적 역량과 박정희의 공로에 대한 소고

'자신을 비하하는 것은, 부모를 비하하는 것은, 민족을 비하하는 것은 자신의 얼굴에 자신이 스스로 침을 뱉는 것과 같다.'

2017년 4월 4일에 어느 당 대선 후보가 이런 말을 했다. "박정희 대통령은 우리 민족의 5,000년 가난을 해소한 분이다."

언제 기회가 되면 한국 경제 발전 과정 속에서 박정희의 경제 발전 공로에 대하여 그 공로가 어느 정도인지 사유하고 그 내용을 글로 쓰려고 했다. 그 이유는 위와 같은 종류의 말과 논리는 한민족의 민족적 역량을 비하하는 것과 통하기 때문이다.

그 이유는 위와 같은 종류의 말과 논리는 박정희가 없었다면 한민족은 아직도 가난에서 허덕이고 있을 것이라는 것과 통하고, 그것은 한민족에 대한 명백한 비하이기 때문이다. 특정 민족이 이룩한 성취를 한 개인에게 모든 공로를 돌리는 것은 그 개인이 속한 민족을 비하하는 것과 같다. 한국 경제 발전에 대한 모든 공로를 박정희에게 돌린다면, 이것은 한민족 역량에 대한 명백한 비하다.

내가 생각하는 박정희의 명백하고 확실한 공로는 한국의 경제 구조를 선택할 때 수출 주도형 경제 구조를 선택한 것이다. 그리고 중화학 공업을 육성한 것이다. 이것은 한국 경제 발전에 중요한 역할을 했다. 여기까지가 박정희의 공로다. 한국 경제 발전에 대한 박정희의 공로는 아래와 같이 표현되어야 한다.

'한국 경제 발전은 한민족의 역량에 의한 당연한 성취다. 한민족의 역량에 의한 경제 발전의 과정 속에서 박정희는 중요한 역할을 했다.'

다른 국가의 역사는 배제하고 한국사만을 살펴보면 2017년 4월 4일 자 어느 당 대선 후보의 말이 타당하게 보일 수 있다. 한민족의 역사만을 살펴보면 한민족의 가난은 박정희 통치 시대에 해소되었기 때문이다. 그러나 이와 같은 생각은 세계사를 자세히 살펴보지 못한 데서 오는 단편적인 사고다.

세종대왕에 대하여 생각해 보자. 세종대왕은 한국사에서 가장 위대한 인물이다. 그러하기에 우리는 세종대왕의 업적을 기리는 의미에서 광화문 한복판에 세종대왕의 동상을 건립하였다. 한국사의 가장 위대한 왕인 세종대왕도 한민족의 가난을 해소하지 못했다. 세종대왕이 박정희보다 못 나서 가난을 해소하지 못한 것인가? 세종대왕이 박정희보다 못 나서 가난을 해소하지 못했다고 생각하는 한국인은 없을 것이다.

그렇다면 왜 세종대왕은 가난을 해소하지 못했는가? 그 답은 세계사에 있다고 나는 사유한다. 세계사를 자세히 살펴보면 그 이유를 알 수 있다. 영국 최고의 왕이라고 칭해지는 엘리자베스

1세, 프랑스의 자랑인 나폴레옹 황제, 미국의 위대한 대통령 링컨 등도 가난을 해소하지 못했다.

세계사 속에서 가난은 인류의 발생과 더불어 필연이었다. 그것을 변화시킨 것은 인간 정신의 진보와 기술의 혁신, 그리고 자본주의의 확대였다. 인간은 이것을 원동력으로 20세기에 선진국부터 가난을 해소해 나갔다.

세종대왕의 뛰어난 자질에도 불구하고 세종대왕이 가난을 해소하지 못한 이유가 여기에 있다. 박정희 통치시대에 가난이 해소된 것은 박정희에 의한 가난의 해소가 아니라 세계사의 흐름에 편승한 한민족의 역량이었다.

세계사의 관점에서 가난에 대하여 살펴보자. 전 세계 국가, 민족의 가난은 20세기 이후에 자본주의의 확대와 기술의 혁신에 의하여 해소되었다. 그전에는 인류 역사 속에서 모든 국가, 민족의 가난은 운명이었다. 인류 역사 속에서 모든 국가, 민족의 가난은 20세기 이후에 해소되었다. 우리 민족의 가난도 인류 문명의 흐름과 일치하여 1970년대에 해소되었다.

한국이 경제 발전을 이룩하는 1970년대에 아시아에 네 마리 용이라고 칭해지는 국가가 있었다(홍콩은 물론 국가가 아니다). 한국, 홍콩, 싱가포르, 대만이 네 마리의 용이라고 칭해졌다. 한국, 홍콩, 싱가포르, 대만은 1970년대에 가난을 해소했다.

"박정희 대통령은 우리 민족의 5,000년 가난을 해소한 분이다"라는 말과 같은 논리라면 대만, 홍콩, 싱가포르 각 국은 역사를 통틀어서 그 나라의 가난을 해소해 주었던 누군가가 있다는 말과 같다. 대만은, 홍콩은, 싱가포르는 누가 가난을 해소했단 말인가?

일본은 1960년부터 가난을 해소했다. 일본의 누가 일본의 몇천 년에 걸친 가난을 해소했단 말인가? 중국이 가난을 해소한 것은 2000년대에 들어와서의 일이다. 중국의 누가 몇천 년에 걸친 중국의 가난을 해소했단 말인가?

한국은 1970년대에 가난을 해소했다. 이 명백한 사실을 놓고 가정해 보자.

'박정희가 한국의 가난을 1970년대에 해소하지 않았다면 한국은 언제 가난을 해소했을까?'라는 가정을 해보는 것이다. 가정의 답은 무엇일까?

아마 가정의 답은 아래와 같을 것이다. 한국은 1980년대, 1990년대에 가난이 해소되었다. 일본은 1960년대, 대만은 1970년대, 싱가포르는 1970년대, 홍콩은 1970년대에 가난을 해소했다. 그런데 한국이 1980년대, 1990년대에 가난을 해소한다면, 그것은 한민족의 역량과 비교하면 있을 수 없는 일이다. 1970년대 한민족의 가난 해소는 한민족의 역량에 비추어 너무나 당연한 일이다.

세계사적 관점에서 보면 1950년대 이후에 전 세계 국가의 대부분은 점진적으로 가난을 극복하기 시작하여 2000년대에 들어서면 전 세계 국가 중 대부분은 가난을 해소했다.

유교문화권인 동북아시아 국가를 살펴보자. 한국은 1970년대에 가난을 해소했다. 중국은 2000년대에 가난을 해소했다. 일본은 1960년대에 가난을 해소했다. 대만은 1970년대에 가난을 해소했다. 이것을 가능하게 한 원동력은 자본주의의 확산과 기술의 혁신에 의한 생산력의 폭발적인 증가에 있다. 이것은 인류 역사를 잘 살펴보면 알 수 있는 것이다.

한국 경제 발전은 이런 세계사의 흐름 속에서 이루어졌다. 개인이나 집단에 의하여 한국의 경제 발전이 이루어진 것이 아니라, 세계사의 흐름 속에서 그 흐름에 편승한 한민족의 역량에 의하여 한국의 경제 발전은 이루어진 것이다.

한국의 경제 발전 과정 속에서 나타나는 한민족의 민족적 역량과 박정희의 공로에 대한 사유의 결론은 이러하다.

'수천 년 동안의 가난을 1970년대에 한민족이 극복한 것은 세계사의 흐름 속에서 거기에 편승한 한민족의 민족적 역량 때문이다. 그 과정 속에서 박정희의 공로는 크다.'

역사 속에서 인간에게만 적용되는 '절대 선'은 존재하는가? 내 생각에 '인간 전체의 진보는 인간에게는 절대 선'이다

:: **전제** ::

인류 역사 속에서 기술 혁신에 의한 인간 전체의 진보는 배제하고,

인정 정신에 대한 것만을 사유한다.

인류 역사 속에서 인간에게만 적용되는 절대 선은 존재하는 가? 라는 의문을 갖게 된 것은 아마도 내가 살던 시대와 관련이 있을 것이다. 1964년에 태어난 나에게 이러한 의문은 한국의 근대화 과정과 민주화 과정의 혼란 속에서 자연스럽게 다가온 것같다.

인류 역사 속에서 인간에게만 적용되는 절대 선을 발견하는 것은 어려운 일이다. 그것을 찾기 위해 인류 역사를 자세히 살펴보았다. 그 결과 인류 역사 속에는 인간에게만 적용되는 절대 선이 존재한다는 생각에 이르게 되었다.

그 이유는 인류 역사를 살펴보면 인류 역사가 선한 쪽으로 진보한다는 사실을 발견했기 때문이다. 그리고 그것은 인간 모두의 진보를 의미했다. 인간 모두의 진보는 인류 역사 속에서 '인간에

게 절대 선이 아닐까?'라는 생각을 하게 되고, 많은 생각 끝에 '인간 전체의 진보는 인간에게는 절대 선'이라는 생각에 이르게 되었다. 인간 전체의 진보는 인간 개개인 모두의 삶이 나아진다는 것을, 인간 모두를 이롭게 한다는 것을 의미하기 때문이다.

인류 역사 속에서 표출되는 자유 의지, 평등 의지의 법률화, 제도화, 일반화, 도덕화는 최소한 인간에게는 인간 전체의 진보를 의미하므로 인간에게는 절대 선이라는 결론에 도달하게 되었다.

인류 역사 속에서 많은 시대에 정당화되었던 왕권 강화의 정당성을 주장한 이론, 동양을 지배한 유교 사상, 신분제 사회의 정당성을 위한 종교 이론 등은 인간 전체의 진보를 위한 것이 아니다. 그러므로 인간에게만 적용되는 절대 선이 아니다.

인간 정신을 구성하는 요소인 창조 의지는 인간 창조력, 창의력의 근원이며, 창조 의지를 법률화, 제도화, 일반화, 도덕화하는 과정 속에서 자유 의지, 평등 의지처럼 인간 전체의 진보를 인간에게 가져다줄 것이다. 개인의 창조 의지가 선, 욕망과 융합하여 개인의 창조력, 창의력으로 나아가고 지식재산권과 물체로 현실화하여 인간 전체의 진보를 가져다준다면, 자유 의지와 평등 의지처럼 인간에게는 절대 선이라고 할 것이다.

미래 인류 역사 속에서 인간 정신을 구성하는 요소인 창조 의지의 법률화, 제도화, 일반화, 도덕화는 인간 전체의 진보를 가져오는 과정이라고 할 수 있으므로 인간에게는 절대 선이라고 할 수 있다.

인간의 생명에 대하여,
신의 생명에 대하여

:: **전제** ::

'성령'은 '성경'에서 말씀하시는 '성령'을 의미한다.

'인간의 생명에 대하여'

인간이 존재하기 위해서는 생명이 있어야 한다. 그리고 인간은 '유한한 생명'을 갖고 있다. '인간이 유한한 생명을 유지하기 위해서는 외부에서 필요한 것을 가져다 사용해야 한다.'

인간의 생명을 유지하기 위하여 외부에서 필요한 것을 가져다 사용하는 근원적 힘을 제공하는 것이 '이기'다. 이기는 '생명의 유한성'에서 나온다. 인간의 생명을 이기가 감싸고 있다.

생명보다 더 근원적인 것은 없으므로 그 생명을 유지시키는 역할을 하는 이기는 인간 정신을 대부분 지배한다. 이기에서 욕망이 나온다. 인간은 생명을 갖는 순간부터 유한한 생명을 유지하기 위하여 이기를 만들고, 이기는 욕망을 만들고, 욕망은 인간을 지배한다.

'성령'은 스스로 영원히 존재하는 생명이다.
성령이 인간에 깃들 때 인간은 유한한 생명을 갖고, 인간은 생명을 유지하기 위하여 이기를 만들어 낸다. '이기는 유한한 모든 생명의 본질'이다.

생명은 인간이 설명할 수 있는 것이 아니다. 인간은 '이기'와 욕망을 통해 생명을 추론할 수 있을 뿐이다.

자신의 욕망을 통제하려면 내가 존재하는 이유를 줄여라. 자신의 욕망을 통제하려면 나를 존재하게 하는 주변의 모든 것을 줄여라. 그러면 욕망이 당연히 적어지고 생명을 감싸고 있는 '이기'도 작아진다.
나아가 인간이 자신의 유한한 생명을 초월하게 되면, 유한한 생명을 인식하고 받아들이면 욕망이 사라지고 이기도 사라져 결국 모든 번뇌가 사라진다.

예수님은 사랑으로 부처님은 자비로 자신의 유한한 생명을 초월하고 인간을 뛰어넘어 신의 반열에 올랐다.

'신의 생명에 대하여'

신은 영원히 존재하는 생명이다. 생명의 유한성이 없다. 신은 스스로 존재하는 영원한 생명이니 '이기'는 필요하지 않다. '이기'

가 없으니 욕망도 있을 수 없다.

그러므로 신은 악해질 수 없는 존재이다. 신은 '선' 그 자체이다. 악을 포함하고 있는 존재는 어떤 경우에도 절대로 신이 아니다. 신을 가장하고 있는 존재일 뿐이다. 성경에서 말씀하시는 예수님의 삶이 그것을 증명한다. 신은 스스로 존재하므로, 그 무엇도 필요하지 않다.

신은 스스로 존재하는 자이므로 영원히 존재하는 생명 그 자체이다. 이것이 '성령'이다.

성령은 신과 같은 의미다. 성령은 영원히 존재하는 생명이다. 그러므로 스스로 존재하는 자, 즉 신과 같은 의미다.

'인간의 미래에 대하여'

신이 인간을 창조했다면 결국 인류 문명은 인간의 정신 속에 심어 놓은 신의 의지를 인간이 실현하는 것이다.
인간의 정신이 태생적으로 이미 신에 의하여 주어진 것이라면 인간은 신의 의지를 현실에서 실현하는 존재일 뿐이다. 인간의 미래 또한 신에 의하여 결정될 것이다.

신이 인간을 창조하지 않았다면, 인간은 인간의 정신 속에 내재된 요소를 인간의 의지대로 현실에서 실현하여 인류 문명을 만들어 가는 것이며, 인간의 미래 또한 결국 인간이 결정하게 될 것이다.